目次

終着駅まであと五分

十三歳の時からの「夜行列車」

人間列車もそろそろ終着駅に近くなると、さて、自分はどこの駅で列車に乗り込んで、どこを通って来たのであったかと、愚かな回想をしてみたくなるものらしい。

一代の怪物、伊達《だて》政宗《まさむね》の遺訓の一節に次のようなものがある。

「――朝夕の食事は、うまからずとも、ほめて喰うべし。元来、客の身なれば、好き嫌いは申されまじ」

実のところ、私はこの遺訓を見た時にがっかりした。豊太閤《ほうたいこう》も東照権現《とうしょうごんげん》も手玉にとって、さらにフィリップ三世もローマ法王ポール五世も、思いのままにわが掌上で踊らせようとしたほどの怪物が、何という百姓オヤジのような実直で律儀な遺訓をしたものであろうかと。

しかしそれは、さらに次の一項を見るに及んで、いささか考え直させられた。

「――今日の行くをおくり、子孫兄弟によくよく挨拶して、娑婆《しゃば》にお暇《いとま》申すがよし」

この事は反射的に、遠からずこの世に別れを告げるであろうおりの、私の姿を想像させずにおかなかった。

（――この淡々さは、やはりたいしたものだぞ！）

そもそも伊達政宗の一生は、男ならば誰もが少なからず羨望もし、模倣もしたくなりそうな豪快さを持っている。男にとって逞《たくま》しい野心と縦横の智略は、女の化粧に相当する本能だからだ。

涙、男にこれあればこそ、近づく女性も「男女平等」などと冷たいことは言わずに、本然の女性らしさで、優雅に遇してくれようというものだ。

政宗の処世観は、

一、仁に過ぐれば弱くなる。

二、義に過ぐれば固くなる。

三、礼に過ぐれば　諂《へつらい》　となる。

四、智に過ぐれば嘘を吐《つ》く。

五、信に過ぐれば損をする。

という人を喰《く》った、しかし、現実を立派に一刀両断したものだ。

当時、最高の道徳とされていた「仁……義……礼……智……信」を、これほどバッサリと逆さ斬りに斬ってみせた例は、他にはちょっと見当たらない。

臍曲《へそまが》りと言えば臍曲りながら、因習などは蹴散らして、自由自在に奔馬を駆る男らしさに溢れている。

その政宗にして、しかし、人生は、この世に客に来たのに過ぎないのだから、朝夕の食事は不味《まず》くとも褒めて頂戴せよと言っているのだから意外といえる。この殊勝さは西洋人にはむろんのこと、現代の若者たちをも納得させる力はあるまい。

第一、この世に客に来たという着想がおかしい。客に来たのなら、いよいよもって美味《うま》いものを喰う権利があるとでも思いたいところだ。それが客に来たのだから、不味くても褒めて喰うべしと、嘘を吐いてまで人間関係を大切にせよとすすめている。この殊勝ぶった態度と、

「――智に過ぐれば嘘を吐く」

という別項の喝破を比較すると、政宗自身智に過ぎる欠陥をもっていたことを曝露《ばくろ》したことになって、いよいよおかしい。

この矛盾はしかし、自分の死に臨んだ姿を想像して、枕頭に集った子孫や肉親に、

「――いや、ご苦労だったの。いろいろと骨を折らせた。これでわしも娑婆からあの世に帰るからの。では、これでお暇するぞ」

よくよく挨拶して……となると、嘘にしても見事な明るさだと感心したくなって来る。

私はいま、この自伝らしきものを、花村奨《はなむらすすむ》というおだて上手の友人のすすめで筆を起こすにあたり、人生を列車にたとえてみることにした。このたとえは、この世にお客に来たという伊達政宗のたとえよりはずっと陳腐だ。しかし、人生を旅と見立てるのではさらに陳腐に思えるし、獄窓にたとえたのではそれこそ陰気で智に過ぎる。

そこで私は、十三歳の時に気がついてみたら乗り込んでいた信越線の「夜行列車」を思いう

かべて、そこから回想をすすめることにした。

この夜行列車に乗り込んだのは十三歳の十一月三日であった。年表を繰《く》ってみると大正九年にあたっている。関東大震災の三年前で、今（昭和四十七年）から五十二年前の明治節（文化の日）にあたっている。

西紀で言えば二十世紀に入ったばかりの一九〇七年生れの少年が、一九二〇年の明治節という、明治とゆかりの深い日に志を立てて故郷を巣立った……ということになろうか。

この巣立ちには誰の意志も加わっていなかった。どこまでも少年一人の意志で計画され実行された。というよりも、祖父も反対、父も反対、母も反対、姉も反対、そして受持ちの教師までも反対という、総反対の中で実行された。

むろん「家出――」というような姑息《こそく》な手段は少年のとるところではなかった。彼は強引に周囲を説得し、納得させたつもりであった。

祖父は、少年を、高等小学二年を卒《お》えたら一年間後に（年齢が足りないので）、県内の師範《しはん》学校に入れる気であったらしい。それが、突然上京すると言い出してきかないので、

「――ならば、博文館《はくぶんかん》に行け」と、妥協案を出した。

当時の博文館は争議で有名な同名の印刷所を持ち、東京堂《とうきょうどう》という取次店、博進社《はくしんしゃ》という用紙店、博報堂《はくほうどう》という広告店と、経営の翼をひろげている大出版社で、社長は大橋新太郎《おおはししんたろう》であった。

この大橋新太郎の夫人やまさんが、じつはわが家の孫だったので縁類にあたっている。そう

した関係をたどって、祖父は自分で少年を連れて上京し、頼んで来ると言った。

むろん少年は断わった。

「——ならば、東京堂にせよ」と、父のほうは言った。

これも縁故があった。父の姪《めい》、つまり少年の従姉《いとこ》が、当時東京堂の総支配人をしていた大野《おおの》孫平《まごへい》（後の東京堂、東販《とうはん》の社長）のもとへ嫁《とつ》いでいる。そこへ内々で問い合せたところ、預かろうと言ってくれたから、そこにせよと、大野氏の返事を出して見せた。

少年は眉をあげて、これも断わった。

「——いっさい親類縁者の世話になりたくない。どこまでも、自分の力は自分でためしたい」

まことにあっぱれな言い分である。立志の門出はそうありたい。

受持ち教師の若井先生（旧姓・星）は、上京には反対ではない、と激励してくれたあとでこうつけ加えた。

「——せめて今年いっぱいは学校へ来なさい。さすれば二学期が終るので卒業証書を貰ってやろう。十一月三日の予定ならば、あと二十日あまりではないかね」

少年はこの時も、あっさりと断わった。

「——小学校の卒業証書なんかあてにしようとは思わんてェ」

当時、少年の通っていた高等小学校は男女共学で、四十余名のクラスであった。もちろん体育は男女別々で、体操のおりには、一、二年合同だったので、五十名近くが身長順で整列した。

少年はその身長順で、末尾から五番目ぐらいのところにあり、はなはだ貧弱な未熟児の感じであった。

その未熟児に卒業証書を侮辱されて、先生も何も言わなくなった。

こうして、少年は、まことに頑強に自説をまげず、一家中を説き伏せたつもりで、予定どおり十一月三日にわが家を出た。

今の上越線はむろんあろうはずはなく、小出《こいで》から二十キロ西北に下った小千谷町《おじやまち》まで出て、玩具《おもちゃ》のような軽便《けいべん》鉄道に乗り、さらに信越線の来迎寺《らいこうじ》駅で、本線の夜行列車に乗り込んだわけである。

北越山籠り余談

人間の巣立ちは誰の生涯にもあることだ。早いか遅いかの違いだけである。十三歳の巣立ちは当時としては決して早い方ではなかった。小学校の尋常科六年をおわるのを待ちかねて奉公に出される者の方が、高等小学へすすむ者よりはるかに数は多かった。

そうした事実を踏まえてみても、しかし……少年の巣立ちは、少しく異常であった。十三歳では自分の乗り込んだ夜行列車の到着先に、どんな生活が待ち受けているかの計算などはつこうはずがない。一人の知人にも、一人の肉親にも縋《すが》りつきたいのが自然であろう。それを殊《こと》さらに拒んで、肩を怒らせ、気負い立って巣立ちを敢行してしまった。

むろんこれには理由がなければならず、理由はたしかにあった。

とにかくこうして巣立った以上は、何としてもあとへは退《ひ》けない。この、あとへは退けないという奇妙な事情と意地が、私の生涯にある種のケジメをつけて、夜行列車の内部に点る灯《とも》り《あか》の役割をはたしてくれた。

私は、いまも私の乗った夜行列車は、コトコトとあるレールの上を走り続けていると思っている。十三歳から五十数年間走りつづけて、依然として車窓の外は夜だと言ったら笑われるだろうか？　この列車の乗客は、みな変った。いや乗客だけではない。運転士も車掌も降りてしまった。したがって六十五歳の私はいま、この列車の運転士でもあり、車掌でもある。

時々私は、あたふたと運転室を出ては車内を見廻る。自分の手で運転している以上、乗客の様子を見廻ってやるのは私の義務だ。もはや祖父や祖母は乗ってはいない。いや、祖父母よりも一足先に父のほうが降りてしまい、その次には可愛がっていたいちばん末の妹が……続いて、母と長姉が打ち合せてでもあったかのように、この列車から消えてしまった。

その代り顔ぶれの変った新しい乗客が次々に乗り込んで来ている。向うから強《た》って乗せてくれと言ったわけではない。しかし、いつからか、じつに仲よく賑《にぎ》やかな夜行列車になっている。甥《おい》や姪の数も相当なものだ。義兄があり、義弟があり、姉があり妹がある。いや、私自身にも娘があり、そのつれあいがあり、孫も乗っている。肉親ばかりでなく、他人もいくらかは乗せているので、私自身淋しいと思ったことはすこしもない。

しかし、この夜行列車が、もしも人家に遠い曠野《こうや》のまっただ中で、燃料を切らして動かなくなったらどうするのだろう、という不安には時々襲われた。

言うまでもなく、この不安が生きがいだ。これがなかったら、ブレーキも利かず、燃料補給も怠って、私自身とうに列車を捨ててしまっていたに違いない。それがいまだにコトコトと磨《す》り減ったレールの上を走り続けているのは、乗客もまた動力源になり得るという生きた証拠で、有難いことだと思っている。

思っていながらじつは、私の方からこの列車をすすんで降りようと考えたことが一度ある。いや、私だけが降りるのではなくて、乗客全部を引きつれて降り、さらにその周辺から肉親も縁類も、知己《ちき》も友人も召集させて、新田義貞《にったよしさだ》の鎌倉攻めのおりの旗挙げに倣《なら》おうとして、かなりめんみつな部隊編成をノートの上でしてみたことがある。

今、とつぜんこんなことを言い出しても、息子にも娘にも、むろん孫たちにも、何のことやらわかるまいと思うので、かえって書いておかねばならないという気もする。

それは、第二次世界大戦の終った昭和二十年のことだ。天皇陛下のご聖断が下って終戦になったのは八月十五日で、六月の始めには、大本営海軍部の報道班員であった私は、この戦争は本土決戦となり、二、三十年間は、本土を決戦場として、血みどろのゲリラ戦がつづくに違いない、という見透《みとお》しを持たされていた。

当時の日本人は、一人一人が二十八年間グアム島の密林に穴居して頑張った横井庄一《よこいしょういち》さんと同じような切《せ》っ端《ぱ》つまった心境に立たされていたと思う。私もそうであった。南北朝時代でも、六十年間は頑張った日本人の血につながる子孫なのだから当然であろう。

そこで私は、郷里の山間にひろく点在している、血族縁者中心の特殊部隊を編成し、一歩先んじて知り尽している北越の山に籠《こも》ってゲリラ戦の用意をしておかなければならないと考えた。

こんな考えを持ったのは、父の家系も母の家系も、雪深い越後の山間に土着が長いからであろう。

父の生れた家が土着帰農したのは、川中島《かわなかじま》の合戦《かっせん》のすぐあとで、三代当主の戦死が続いたあとだが、それ以前、長享《ちょうきょう》年間から武将としては住んでいたので、五百年になんなんとし、母の家系も文禄《ぶんろく》年間に越後に入ったらしいので四百年になろうとしている。それだけに大抵の部落には何ほどかずつ、遠縁につながる知己があった。

私の当時の計算では、信頼できる者約二百五十名。その周辺を語らうと五百名の「一大隊――」だけは編成できそうに思えた。むろんその手控えは八月十五日の直後に、あわてて破棄したのだが、この土着の長さが、私に新田義貞の旗挙げを想起させ、

「――そうか、昔もこうして事あるごとに兵を集めて出征していたのか」

今さらのように土着の長い、故郷の持つ味を噛《か》みしめさせて貰ったのだが、もしそうした事態になっていたら夜行列車どころではなかった。偏《ひとえ》にこれはご聖断のおかげであって、わが乗客たちも、折にふれて語り継がなければならないことだと思っている。

さて話を十三歳の巣立ちに戻そう。目と耳だけは大きかったが、肉体は至って貧弱な未熟児の少年が、気負って故郷を出た原因……それはこのおりの少年にとっては、まさに「宿命――」と言うよりほかにないものだった。

吹雪の夜のいのち

少年の生れたのは、明治四十年（一九〇七年）の一月十一日であった。むろん少年に出生《しゅっしょう》の記憶があろうはずはなく、三歳の秋から少年を抱き寝してくれた、祖母の寝物語によるのである。

「――その夜はな、昼から、ごうぎな吹雪《ふぶき》であったて……」

祖母が、孫にせがまれて、昔語りと同じ口調で話してくれるその家は、新潟県北魚沼《きたうおぬま》郡小出町大字《おおあざ》佐梨《さなし》の本田《ほんだ》部落にあった。

孫が祖母にその話をせがむのは、きまって吹雪の夜だったらしい。祖母が口を開くと、屋根を吹き越す雪女郎《ゆきじよろう》の悲鳴とも唄ともつかない叫びが、いつもこれに伴奏していたような気がする。

このあたりの降雪量は日本一。すぐ隣家と言っても四、五十メートルは離れているし、近くを流れる佐梨川も、これを合せる魚野川《うおのがわ》も真冬になると声をひそめる。

「――晩方《ばんがた》になるとのう、道もなくなった。隣りの明りも見えなくなった……聞えるのは、ピーピーという吹雪と、弥三郎の声ばっかだてぁ」

「――フーン。今夜と、どっちだい？」

「――今夜よりももっとごうぎだ。そして夕飯がすんでの、お膳を片づけている時に、腹がチクチクと痛みだしたて」

「――誰の腹が？　それを、ハッキリ言わっしゃい」

「はいはい。お婆《ばば》の腹じゃない。お母《かか》の腹だ。お前はお母の腹から生れたのだからの」

「――フン、おれ、お婆でもよかったのに」

そして、皺だらけの祖母の乳房をちょっと引っぱってみたりする。

この話は何度でも聞いているので孫の方がよく知っていた。知っていながら繰り返してせがむのは、子守り唄の代りにこれをききながら眠る気だからだ。

当時、このあたりの正月は一ト月おくれ。したがって、太陽暦の一月十一日は、正月行事の中の蔵開きの日ではなくて、新穀《しんこく》を俵に詰めて土蔵へ積みこむ頃にあたっている。

その忙しい最中に母が産気づいて、それも従来のお産と様子が違った。発熱し、出血し、駈けつけていた産婆が、医者を呼んでくれと言いだす騒ぎになった。（その時、私の先に、姉がもう四人も生れていた。満津野《まつの》、わか、シゲ、芳と生れて、その芳は三つくらいで死んでいるので、私とすぐ上のシゲとは八つ違いになっている）

吹雪がひどくて道はない。医師のいる町まで一キロ半はある。街灯のない時代の一キロ半の猛吹雪の往復は、万事休すの非常事態だ。山も見えなければ木立も見えず、家々の屋根さえすでに半ば埋没してしまっている。

足跡は一歩一歩吹き消されてゆくし、立ちどまって首を一つ傾《かし》げるだけでめざす方向に狂いが出る。ある勇気のある旅の人が、それにもめげずに歩き出して、夜があけてみたら直径百メートルほどの円を描いて終夜歩き続けていたという……

懐中電灯はまだないのだから、提灯《ちょうちん》の火でも消してしまったら、もはや遭難間違いなしだ。したがって土地の者は、猛吹雪の晩に出歩くような冒険はしようとしない。

にもかかわらず、父は弓張《ゆみはり》をさげて医者を迎えに出ていったというのである。

このあたりまでで、孫はたいてい、祖母の乳房をまさぐりながら眠ってしまう。

これからあとは聞きたくない。というよりも、うっかりすると、ひどく孫の自尊心を傷つける話が一つ待っているからだった。

とにかく父は町へたどり着いて医者に来診を乞うたのだが、医者は二人で遭難するのを怖れて断わったというのだから、この夜の吹雪は相当なものであったに違いない。

父も帰って来なければ医者も来ない……という状態の中で、母は苦しみながら十一日の午前一時に出産した。

そのあとの出血が止らず、このままでは母のほうの命が持たぬとあって、産婆と祖母と、上の姉二人は枕辺に泣き顔を並べて看護にあたった。

その出血が止まり、母がすやすやと眠りだしたのが午前四時。

「――ボン、ボンと四時が鳴ってな。みんな、やれやれと一息いれたこと」

祖母の話がそこまで来ると孫は、いつも祖母の乳房をひねり上げて詰問した。

「――お茶なんかあとでいい！　早く、オレを思い出さんか、このお婆は」

「おお、おお、思い出したとも。そう言えば赤ン坊はどうしたっけか……と、思い出した。小さなチンボコを付けていたっけが、と思い出した」

「――そ、それでどうした」

「――ボロにくるんで投げ出してあったのを、もう凍えて死んでるだろうと思ってそっと開けてみた」

「――ボロに……まあいい、それでどうした⁉」

「――あけてみたらオギャーと泣いたよ。大きな声でな。おお、まだ生きている生きている！　これや大変だ。ねんね（長姉）早く湯を沸してくれ。産湯《うぶゆ》をつかわさなければならんぞ。早く！　とな」

その頃には孫はもう眼がさめていても、むっつりと黙りこむ。生きていて、産湯を使わせて貰ったのはいいが、オギャーと泣いたのに、

「――これは大変だ！」という言い草が気に入らない。なぜ、よかった！　と言わないのか
……

この祖母の用語の顚倒《てんとう》にはわけがある。祖母は、姉たちが続けて四人も産れているので、わが家に男は縁がなく、育たぬものとひとりぎめにしていた。

そう言えば、母も祖父母の一人娘であった。兄が一人あったのだが、これが十九歳になって亡くなってしまい、母は十四歳のおりに、父を養子に迎えたのだ。

男が育たぬ……という妙な迷信は、私から五代前の頃から、この家に付きまとっている。そして、それが私の少しく異常な巣立ちの一つの原因になっていった。

父と子の相剋

上から数えて五番目の長男……というと、母の年齢《とし》まで誤解されかねない。しかし母はそんなに老いてはいなかった。今で言えば満三十歳。数え年三十一歳なのだが、父は四十二歳（数え年）にあたる。その年の一月十一日生れであった。

母と、五番目に生れた私は三十違いで、この時すでに長姉は小娘になっていた。母の結婚が早いからだ。十四歳で結婚し、十五歳の時には長姉を産んでいる。

父の数え年四十二歳という厄年に入って産れたことが、私の生涯に妙な関係を持つことになった。

「――わが家に男の子は育たない」

そんな迷信があるところへ、父の厄年に産れたという世間並みの迷信が重なり合った。

厄年に生れた長男は無事に育ってもその家に禍《わざわい》を残すものだと言われていた。古い大名の家系などでは、老臣などと打ち合せたうえでわざわざ捨て子する習慣があった。いったん捨てたうえで拾わせ、改めて養子にするのでなければ、何ほどかの祟《たた》りが残ると思い込まれていた。迷信に論拠はない。これを信ずる者には気にかかり、信じない者は一笑に付してゆく。

むろん嬰児は知る由もなかったが、ここで飛んだ錯倒と混乱が起こった。

そもそも、私の祖父は近辺に鳴りひびいたいわゆる「豪の者」風の一徹者であった。加藤清《かとうきよ》正《まさ》まがいの豊かな黒髯《こくぜん》を胸まで垂れ、理由によっては袴《はかま》の股立《ももだち》を取って決闘も辞さないという、百姓でありながら、根っから侍《さむらい》気どりの我儘者《わがままもの》であった。

しかし父はその反対で、苗字帯刀の家に生れていながら、一にも二にも祖父を立てて行こうとする実直な養子に見えた。

その実直な父が、生れて十日目ほどして、

「この子は男でも、育つらしい」

と、祖父に言った。すると祖父は胸をそらして、

「――育たんでどうするものか」

と答えた。この場合、育つか否かは、そのまま出生届に関わりを持って来る。

「――ならば、届けておかねばなるまいのし」

と、父は言った。祖父は、実直な父を憐れむように、

「――もう、とっくに届けて来たぞ」

父はびっくりして、

「ほう！　それで名前はどうつけたい」

「――名前は家の名前だ。五代前からわが家は庄蔵どんで通っている。それでよかろう」

「――ほう！　それはそれは……」

問答はこれだけで済んだ。育つかどうか心配された嬰児に、家の名が冠されたというのだから、養子の父に異存のあろうはずはない。

ところが、これは、そう簡単には済まなかった。

嬰児自身は何も知らなかったが、やがてこれが小学校へ入ることになり、入学通知書が届いてみると、「父太郎七、母せいの長男」とあるべきものが、「父熊吉、母きわの二男」となっていた。

つまり、私は、父の子ではなくて、十九歳まで育って死んだ祖父の長男秀太郎の弟として、祖母とのあいだに生れたように届けられていたのだ。

これは父にとっては大問題であった。当時の戸籍法では、長男の亡くなったあとに生れた二男には、当然長男同様の相続権が付いてゆく。実子には養子に先んじて相続権のあることが明記されているからだ。

嬰児が小学校へ入る年には数え年七歳で、養子である父は四十八歳になっている。人生五十年の時代に四十八歳にして父は、わが子に相続権を奪われ、この家には無用の者になってしまった。

祖父が亡くなれば当然私が後を継いでしまうからだ。何という妙な親不孝の倅《せがれ》にされたものであろうか……

この入学通知書まで、むろん母もこれを知らなかった。いや、母だけではない。この後二年間は当の私も、それが問題になっていることすら知らされずに、父を父とし、祖父は祖父として不自然なく育っていた。

祖父母と実父母だけではない。私が入学する時には、十七歳の時に貰った姉の婿《むこ》も一緒で、わが家は珍しく三夫婦揃ったためでたい家庭として村中の羨望の的であり、のちに神奈川県下で消防署長をして廻り、鎌倉の建造物保護には一役買った甥の好雄も産れて、三つ違いの私の弟といった感じで、雇人《やといにん》を加えると家庭は約十五人。まことに賑やかに暮していた。

四つつむじの鬼っ子

私は今でも時々考え込む。私が産れて来たために、じつは周囲のみんなを余計な苦しみに突き落してしまったのではなかろうかと……

そう思うことは決して気持のよいものではない。事実、父などはそのため、祖父の家を出て、実家からまで出入りを拒絶され、ほんとうの貧困と対面しながら、五十八歳（満五十六歳）で、当の私が十七の時に亡くなってしまったのだから、まさに私は厄年の子に違いなかった。

私を自分の子にした祖父も不幸だったし、父の養嗣子として迎えられた義兄《あに》の喜三郎も受難者であった。父の養嗣子では父同様、わが家の相続権は父に連れて無くなるからだ。

したがって、この滑稽《こっけい》な……私が産れたための手違いから起こった悲劇は、新憲法下で戸籍法の改正された今日まで尾を曳いている部分がある。がしかし、そうした隠湿な部分はひとまず後に廻したい。幼児の私にとってはこれはむしろ幸運でしかなかったからだ。

私はいきなり四十二歳の父の弟にされたのだが、内実はどこまでもこの家の珍重すべき男子で、二重に両親を持つ結果になった。

父はたぶん私が相当大きく育ったところで、長姉夫妻は分家させるつもりだったのだろう。祖父の考え方については未だに真実はわからない。とにかく私に物心のついた時には私のために「お松――」と呼ぶ子守りの少女が付けられ、それに三人の同じ年ごろの姉もおり、さらに二組の両親があるという、恵まれた形になっていたから、私は適当に暴君だったと思う。

周囲に男はいないので、髪形まで幼女のようなお河童《かっぱ》だった……と、私は思った。ところが、これも入学する時、サッパリと坊主頭に刈り落してみておどろいた。ここにも飛んだ秘密が一つかくされていた。

いわゆる、つむじと称して頭の中央に一つあるべきものが、何と私には四つあったのだ。それも富士額《ふじびたい》の真正面にある奴などは、中央にある奴より大きくハッキリと不逞《ふて》くされていた。

中央にもむろんあったし、えり足の両側にもクルッと二つ巻いていた。

二つつむじというのは稀にあったが、四つともハッキリしているのは、近郷近在でも私だけだったので、祖父の実弟で、当時、村一番の資産家になっていた寅吉翁の娘たちなどは眼を丸くした。

この地方では二つつむじを、類を超えた勝気《かちき》の証拠として「気違い――」と呼んでいる。狂気の意味ではなくて、必要以上に負け嫌いだから気を付けろという意味だ。それが四つあるのだから、びっくりすると同時に警戒することにもなった。彼女たちもすでに分家して、それぞれ私と同じ年齢《とし》ごろの子供を持っている。その本家の、女の子と見せかけて育った久しぶりの後継者が、気違いの気違いでは、被害感情が湧いて来るのも無理はない。

「――どうも、そうだろうと思っていたて。庄蔵には構うな、あれにはかなわんぞ」

その噂は、すぐ次には、私の綽名《あだな》を、彼女たちの間で作った。何とそれが「子供の鬼――」というのであった……らしい。いずれ二、三度、彼女たちの子供を小突いたからであろう。しかしそれも私は知らないのだから堪忍して貰うよりほかにない。

一族の者がどう呼ぼうと、この鬼はぬくぬくと育った。もう読者も気づいたことと思うが、私の祖父は熊で、その弟は寅である。したがって、この二人もわが家に男は育たないとの迷信につながって名付けられたものだが、熊と寅ほど強ければ、祟りの悪魔も手は出まいということだ。

そこへ庄蔵どんの庄蔵が生れ、それが気違いの気違いと来ているのだから念が入っている。しかも、この庄蔵どんは、わりあい智恵つきが早かったらしい。母や姉の言葉によると、何よりも早く喋舌《しやべ》りすぎ、子守りの背で口喧嘩《くちげんか》して困った子であったという……

はじめて人語を解するらしいと知って、母が度胆をぬかれたのは八ヵ月目。当然、母は、隣家と共同の小さな工場で、自分で造った繭《まゆ》を自分の手で糸に繰っていた。それで、八ヵ月目の私を負って早朝その工場へ行こうとすると、屋敷の森で鴉《からす》がしきりに鳴き立てる。そこで背中の私に話しかけた。

「――ホラ、鴉がいっぱい鳴いているだろ。鴉は何と鳴いたや？」

よくある母親のひとり言だ。すると私は、ゴソゴソと身動きして、「カア」と言ったそうな、私はむろん覚えていない。母は薄気味わるくなってまた訊《き》き直した。すると今度は「カア、カア……」と何べんでも答えた。

「――気味がわるくて、気味がわるくて」

と、母は死ぬまで、私に何十ぺんとなくそれを言い、私が友人の前で屁理屈《へりくつ》を並べだすと、また始まったという表情で、私を睨《にら》むのを忘れなかった。

この珍妙な女装の鬼が、記憶として覚えているのは、それから一、二ヵ月後のことだ。母は糸繰りに夢中になってよく授乳をあと廻しにする。そんな時、私は、腰掛けて生糸《きいと》を繰る母の背で、クルリと後ろ向きになって繰っている糸を枠の根元で切ってゆくのだ。すると母は嘆息して私を背から表にまわし、繰るのを休んで繭鍋に向かったまま授乳する。糸を切れば乳が貰えるということが、記憶の最初であったとは、何ともお粗末なおかしな話である。

次の記憶は、姉の背に負われて、姉に向かって訊いた記憶だ。私は姉たちをその名で呼び捨てにした。

「シゲ、汝《んな》は何年生になったや」

すると八ツ違いの姉は、

「赤ン坊のくせにまた訊く……四年生だいや」

「フン、四年生か」

この四年生と、それを訊《たず》ねた場所が記憶にあるのだが、四年生とすれば姉は数え年十一歳、私は数え年三歳のはずだから今ように言うと満二歳の春だ。

そう言えば三歳の時に義兄《あに》の喜三郎が、東村《ひがしむら》（今の大和町《やまとまち》）の旧家から婿入りして来た。その時に私は余興をやれと言われて、姉のシゲと一緒に安達《あだち》の三と俗にいう奥州安達ヶ原、袖萩祭《そではぎさい》文《もん》の段を一幕やったという。

私の持役《もちやく》は貞任《さだとう》とその弟の宗任《むねとう》だったが、これを苦渋なくやってのけて、喜三郎の母を仰天させたと、これはその母本人の口から聞いた。

こんなことを教えこんだのは、自分で太棹《ふとざお》を弾くお洒落《しゃれ》で道楽者の祖父に違いない。じつはいまもそのせりふの一部がすらすらと口に出て来るのだから、幼児の頃の記憶というものは身についてしまうものだ。

しかし私にその宴席の記憶は少しもない。ただあるのは、絹の着物に絹の袴で、義兄《あに》を出迎えた記憶だけだ。姉たちにその新調の着物を、必要以上に見せびらかし威張ったそうだが、そのことも覚えていない。

とにかく小学校へ入る前から、ルビ付きだったが、新聞の講談を毎日鹿爪《しかつめ》らしく祖母に読みきかせていたのだから、智恵は早い方だったらしく、それもこの「子供の鬼」を一層警戒すべき存在にしていたらしい。

警戒したからと言って、それに悪意があろうはずはなく、つまり、庄蔵どんの庄蔵は、一族の中で、何とも動かしようのない妙な地歩を、育ちと一緒に堅めていったと言うことだった。

頑固騒動

庄蔵どんの庄蔵が、祖父の子であったということは、さほど一族の者をおどろかせはしなかった。父の子であろうと祖父の子であろうと、いずれ家を継いで、彼らの上にのさばるだけのことだからだ。

ところが父はまず母と共に愕《おど》ろいて、父の実家の梅田家に飛び、母はすぐさま叔父にあたる寅吉翁のもとへ飛んで、祖父の不都合を訴えた。

私にとっては、いずれも愛情から出たことなのだから、どっちでもよかったのだが、父にとっては、一粒種《ひとつぶだね》の男の子だけに、私にはわからない失望と疑惑がからみ合った混乱になったらしい。

かくして、何も知らない私は、知らない間に親族間で、不世出《ふせいしゅつ》の神童にまつりあげられることになった。いまだに部落では、私が小学校へ入る前に、鎮守《ちんじゅ》さまへあげた書き初めの習字が、六年生のそれよりも見事なできばえであったとか、小学校へ入る時には新聞はペラペラで、首席になるのは始めから分かりきっていたとかいう噂が、まことしやかに信じられているのだが、その原因は、私に二組の両親があり、それが争ったことから出発した。

私が、親族や部落民たちの家系にわりあいに詳しいのも、このことから始まった。

父の実家の、祖父にいちばん年齢《とし》の近い伯父の亀太郎翁などは、口を尖《とが》らして父を罵《ののし》り、ついに絶交を宣していった。

父が、山内家《やまのうち》などとは家柄の違う梅田家に生れていながら、山内家から最大の侮辱をこうむったのは、途方もない阿呆《あほう》だからという結論だった。自分の実子が祖父の子に届けられても知らずにいて、彼みずから、不用の人物になり下がる。祖先を辱《はずか》しめる、これより大なるはなし、という一面律儀な問責であったらしい。

そうなると、祖父の実弟として、寅吉翁もそのまま看過はできず、これが本家へやって来ては祖父を難詰するのだが、祖父はこれについては一言半句の説明もしようとしない。

おそらく育ちの案じられる男の子が、父の厄年に産れたので、戸籍などよく考えずに、捨て児の例にならってこうしたのであろうが、事がもつれて来ると、そんなことなど一切口外する人物ではない。

「貴様、弟のくせに、兄に指図をしようとするか。大バカ者め」

「――何を吐《ぬか》すか。頑固もバカのうちだと気がつかぬか、このバカ兄め」

私が小学校へ通いだして間もなく、鼻唄まじりに戻ってみると、どうしたはずみからか、厩《うまや》の馬がバタバタと騒いでいる。カバンを抛《ほう》り出して飛んでいってみると、七十近い本家の旦那と分家の旦那が、取っ組んだまま厩の中に落ちこんで、組んずほぐれつの大格闘をやっている。

その時のわが家の馬の悲しげな眸《ひとみ》が、私には、いまでもハッキリと想い出せる。

馬は決して主人を踏まなかった。踏んではならぬとあせっても、この旦那衆は、遠慮会釈もなく厩の中を転げ廻るのだから切なかったろう。

「本日はこれで終り！　止めて！」

問題が私の出生にあることなど知らないので、私も厩に飛びこんだ。

さすがに旦那衆はテレて離れたので、神童はついに、この旦那衆にも認められることになった。

自分たちでテレてわかれて、私に感心するのだから、これこそ漫画の真実だ。

「――なるほど庄蔵は普通の者ではない」

寅吉翁がそう言い出したのは、この頃からだ。庄蔵を褒めると、それだけ父の値打ちが下がるのに気が付かない。

それが後には、これもまた頑固な錯覚として根付いていった。

「——わが家には五代目に一人、かならず卓抜したものが産れて出る。庄蔵は、その五代目だ」

私たちが、のちに印刷会社を始めるおりの資本金などは、みなこの寅吉翁が出してくれ、翁の愛情は私には解きようもない不思議な期待で、どんなに私が沈淪している時も続いたのだから、人生の経緯の糸は、どこでどう織られているのか見当もつかないものだ……

とにかくこうして、私の知らないところで、私の出生をめぐる争いは、持ち廻りの親族会議やら喧嘩やらで、次第に盛りあがってゆきつつあった。

むろん私は、まだなんにも知らない……

梅田家について

梅田家故事来歴

私は、父の生家に泊りにゆくのを好んだ。

正月はたいてい父が連れてゆく。しかし節句になると、記憶のあるようになってからは一人でもよく行った。盆、刈上げ、秋祭り、菊節句と、一年に四、五回は必ず行った。

梅田家の当主の亀太郎伯父は、われわれ父子の戸籍事情が洩れるまでは、私と同年の嫡孫貞夫とを、全くわけへだてなく愛した。

「――おお、来たか、来たか」

というのが翁の口癖で、五キロあまりの道のりは、幼年の私にとっては、まことに恰好《かっこう》の小旅行であった。

途中に、伊勢島《いせじま》、原虫野《はらむしの》、虫野《むしの》、城鼻《じょうはな》と小部落が四つあり、そこを通りぬけて大浦新田《おおうらしんでん》という部落におさまる。

私は母の着せてくれた晴衣《はれぎ》の裾をキリリと腰にたくしあげ、旅股引《たびももひき》に膝を包んだ草鞋《わらじ》がけだった。それに背中に風呂敷包みの手持ち（贈物）をくくり着けた姿は、さしずめ木枯《こがら》し紋次郎《もんじろう》の雛形という恰好だったろう。

これが部落の数だけ、仁義まがいの喧嘩《けんか》をしてのけ、目的地にたどり着くのだから、

「――おお、来たか、来たか」

のあとはきまって、

「――どうだコブは出来なかったか？」と、問いかけられることになる。

「――すっけ（そんな）にマゴマゴしとらんぜェ」

「そうかそうか。さ、早く足を洗って入れ」

そして、暮れ方からの宴が長《た》けると、きまって床の間の五、六振りかかった刀架から短い朱《しゆ》鞘《ざや》の一刀をおろして持たせ、芝居の一端を所望とくるのであった。

この伯父は、私が女形《おんながた》の声色を使うと機嫌が悪い。太閤記《たいこうき》十段目の光秀《みつひで》、寺子屋の松王《まつおう》、安《あ》達《だち》の三の貞任《さだとう》などだと、上機嫌で、眼を細める。

「――この刀は、オレが大きくなったらくれるかい?」

「――おおやるぞ。この赤いのは汝《んな》の刀だ。誰にも使わせん」

この伯父も、母方の祖父に劣らない奇妙な手応えの昔者《むかしもの》であった。

若い頃、三十五、六キロ離れた長岡《ながおか》に、芸妓買《げいしや》いというものが流行していると聞き、わざわざ虫野に料亭（らしき）を新築し、そこから二人曳きの人力車で、芸妓八人を呼んで遊んで試《み》た、という人物なのだから察しがつこう。

父の話だと、この時、わざわざ長岡から呼んだ芸妓にみやげがない。そこで土蔵から一両小判をつかみ出して与えたために、戊辰《ぼしん》の役《えき》のドサクサに、そっくり破《や》られて焼かれてしまったという、一風変ったコチコチの道楽者（?）だ。

この伯父には、奇妙なタブーがいくつかあった。軍人になってはならぬ、というのもその一つで、理由をきくと、それは、祖先の言いつけだからだと言った。

「――これはなあ、分家どもにも、決して見せないものだ。が、汝《んな》には見せておく。それ、わが家はの、長尾《ながお》（謙信《けんしん》）と同じ上杉《うえすぎ》家の家老であった。はじめは仲がよかったのだろう。そのため一緒になって上田《うえだ》の城にいたのだが、長尾が上杉という主家を乗っ取ったので義絶した……」

そこで声を落して、

「と、いうのが表面の理由だが、ホレ、このとき三代続いて当主が戦死しているだろう。いいか三代だぞ。そこで、ここにこう書いてある。侍《さむらい》にはなるなとなあ、土着して一族の生命を守れとなあ」

小学校へ上がったばかりの私に、物々しい系図の巻物をひろげて見せて言った。

私は固くなって頷《うなず》いたのを覚えている。そこで、ずっと後にふたたび貞夫に乞うて、そのあたりを写させて貰ったのだが、

○信綱《のぶつな》（梅田金太夫）

上杉清方《うえすぎきよかた》公に奉仕。主君鎌倉にて管領となる。山内名代《やまのうちみょうだい》。結城《ゆうき》攻めの時の武功書。津田新九郎外《ほか》首二っ討取りしこと。其の証拠は山名弾正《やまなだんじょう》見届け申候。其の身は討死。長享《ちょうきょう》二年、戊《ぼ》申《しん》七月二十日。勝徳院道智養山居士。

○安重《やすしげ》（梅田太郎左衛門）

越後長尾《ながお》信濃守能景《しなののかみよしかげ》の嫡子為景《ためかげ》公と共に上州白井《しろい》の軍《いくさ》に働きあり、天文《てんもん》七年越中に発向し、松倉城に攻入り、放生津《ほうじょうづ》乗取り。勝ちに乗じて魚津《うおづ》の城を攻めんとし、仙檀野の会戦に働きあ

りといえどもこの地に討死。
○勝範《かつのり》（梅田七郎兵衛）
長尾越前守政景《ながおえちぜんのかみまさかげ》に奉仕。上田坂戸《さかど》に住す。所々の軍に武功あり、川中島合戦《かわなかじまかっせん》に高名多しといえども、信州にて宇佐美駿河守《うさみするがのかみ》のために討死……

こうして、勝範の子の定重《さだしげ》は、魚沼《うおぬま》の赤石郷《あかいしごう》にしばらく引き籠り、ついに土着の決意をかためて、この系譜を補修すると同時に新田《しんでん》の開墾を始めている。

「――この時、奥・羽・越に大乱、日々合戦止むことを知らず。よって武を捨て、二度と武家に仕えず、民家と成って農事を業と為すべし。時に先祖伝来の系紙を換写、以てこれを与う。嫡子のほか、他伝・他見、厳に秘すべきものなり」

つまり、この部落に土着したのを臆病のせいと解されることをおそれながら、しかも、殺し、殺される戦国の生活には耐えられなくなって来ている。

そう言えば、この最初に掲げた信綱の父の信家《のぶいえ》もまた上杉持氏《うえすぎもちうじ》の自害を鎌倉で眼のあたりに眺め、しばらくは、自分が管領を装って主家の再起を計る、というような苦心を重ねている。

そして、その子、孫、曾孫《ひまご》と次々に討死していったのだから、よく子孫が絶えなかったものだと思う。

とにかく大浦の西福寺《さいふくじ》の過去帳によると、その後、帰農生活十四代にわたっており、私が兄弟同様にして育った貞夫は、その祖先が武士というものに疑惑を抱きだしてから十八代目、私は十七代目にあたるわけだ。

私が第二次大戦に従軍し「平和――」という問題を生涯のテーマとして取り組まなければならないと考えるようになったのも、あるいはこうした血筋のせいかも知れない。

しかし、この梅田家からも軍人は一人出た。貞夫の弟の貞次が海軍に入って終戦の時には、大尉か少佐かになり、潜水学校の教官をしていた。

この貞次については私は「日本人の味」という随筆集の中でくわしく書いているが、貞次の父、すなわち私の従兄《いとこ》朝重は、彼が復員してくると、すぐさま、古い家から追い返した。職業軍人が、すべての召集者の引き揚げ以前に帰宅しても、この家には入れられないという理由であった。

そこで貞次はただちに引っ返し、志願して復員船に乗り組んで最後まで働き、

「――大体これで片づきました」

帰って来てから、改めて家を新築して、分家させられた。

私の従兄朝重も、その後の農地改革で耕地の分配にあたるとき、

「――これが梅田の嫁(土地・田畠)かと言われてはならないからのう」

そう言って、他人の手に渡るまで、せっせと地質の改良に努力を重ねたという珍しい人物だった。そう言えば、ほとんど鬼籍に入った潜水艦乗りの中で、貞次が珍しく生きて還れたのも、

あるいは祖霊の守護によるものかなどと思ったりもする。

とにかく、貞夫も、貞夫の子たちも、私には家族に思える。したがってたまに帰省したおりなど私は、農繁期で、家人《かじん》が留守でも、江戸時代に建った大きな家へ、さっさと入っていって仏前に額《ぬかず》いてくる。そして仏間の奥の刀架だけが無くなって、あとは昔のままの奥座敷へ座り込んでみると、貞夫も貞次も、その多くの子たちも、みな同じ列車に乗り合せている家族なのだという気がしみじみする。

嫁は賢夫人

さて、話はまたまた脱線しかけたようだ。

母方の祖父以上のナンブツだった伯父の話であった。この亀太郎翁は、のちに父の出入りを禁じたのだが、私に来るなとは言わなかった。

もしも言ったら、私は屁理屈《へりくつ》を並べて相手の血圧を高めていただろう。

私という嫡子を舅《しゅうと》に奪《と》られて知らずにいたのは父の不始末であっても、私の責任ではない。私はこの家の孫なのだから、平然として孫らしく振る舞うぞという態度であった。

もっともこれには梅田家の内部に味方があった。貞夫の母、朝重の妻のツヤが、しきりに私にこの事を吹き込んだ。

「――お爺《じじ》が何と言おうと、お前はこの家の孫だすけの」

威張っておれと言うのだから、出入り禁止など気にかけない。このツヤは美人でもあったし、彼女があったので、梅田家は立ち直ったと言われたほどの賢婦人でもあった。

もっともこの賢婦人を倅《せがれ》の嫁に、むりやり貰って押しつけたのが、梅田家を潰すかも知れないと言われた伯父の亀太郎翁なのだから面白い。

ツヤは城鼻《じようはな》部落の荒井惣三郎の長女で、はじめ梅田の分家へ嫁《とつ》いで来たのだ。分家といっても、当時は隣り合ったこの分家の方が大豪農になっていた。この頃の当主は、例の山本五十六《やまもといそろく》元師と長岡中学の同級生で、県会議員をしたり、村長をしたりしていたが、その人の叔父のところへ嫁いで来たのだと思う。

ところが嫁いで来て子供が一人できたところで良人《おっと》に死別してしまった。当然、ツヤは実家へ戻らなければならないことになった。

ところが、ツヤに惚れ込んだのが、本家を潰すかも知れないと噂されている臍曲《へそまが》り旦那の亀太郎翁だった。

「――あんな上玉を戻すことはならん。ツヤはおれが貰った。戻すことはならんぞ」

「――お前さまが貰ってどうする気だい？」

「――倅の嫁にする。あれ以上の嫁はない」

言い出したら聞くものではない。何しろ本家の大旦那が言うのだから、分家も実家も恐縮しながら承知するよりほかにない。朝重も、美人ではあり気性もしっかりしているので、父の意見に従うことになった。あるいはこれも惚れていたのかも知れない。

全く、縁というものはおかしなものだ。長岡から二人曳きの俥《くるま》で芸妓を呼んでみた……という親爺は、経済的にはまことにもってあやふやな存在だった。

この親爺が、ある時、額に老眼鏡をせりあげて、茶の間の炬燵《こたつ》から私を呼んだ。もう私もかなりのものは読めるようになっていた。

「——来てみろ。来てみろよ庄蔵。面白いもんだぞ」

老人は声をおとしてあたりを見廻した。

炬燵の周囲には古い帳面がいっぱいとり散らされたり積まれたりしていた。

「——大体、分家の三倍ぐらいはあったな」

「——何がだい？」

「——土地がだよ。それがどうだ。だんだん減って来ている。おれだけが貧乏《びっぽ》するんじゃない。そら、先代はこれだけ貧乏、その先代でまたこれだけ……数えてみると五代前からずっと貧乏して来ている」

「それが、どうして面白い？」

「——面白いじゃねえかや。五代続けて貧乏して、まだ残っている。いや、むさいもんだのう」

私もこの時だけは簡単に相槌《あいづち》は打てなかった。むさいものと言うのは保つものだという意味である。

おそらく伯父は、自分だけが貧乏するのかと肩身の狭い思いをしていたのが、五代続いて貧乏しているので、何も恥ずることはないぞと、その大発見を喜ばずにいられなかったのだろう。なるほど、これでは大変だと思った。こうして本家が貧乏するたびに、分家がどんどん富んでいたのだろうか?

そう言えば、全部落民が梅田姓のこの部落には、隣家の豪農のほかにもう二軒、相当な大地主ができあがってしまっていた。その一軒には私の従姉《いとこ》も嫁いでいるので名前は書かないが、とにかく江戸の中期まではぐんぐん開墾地が殖《ふ》えていたのが、いつ頃からか、旦那衆になりすぎて、こんどは貧乏してゆく番に廻ったらしい。

それにしても、その大旦那が、いよいよ何も無くなっては一大事と、考え直さなければならなくなったのは偏《ひとえ》に嫁のおかげであった。

「――お爺さま、何しろ、七兵衛どのと言えば、このあたりの大宅《おおや》だすけの。田んぼも山も、何も無くなったと言われたのでは大変だすけ」

嫁がまっ先に働きだしたので、外出《そとで》には、必ず供を連れて歩いて、手土産一つ自分で持とうとしなかったこの大旦那も、六十過ぎてついに、田畑で働かなければならなくなったのだから、それこそ面白い偉観であった。

つまり、みずから見込んで強引に貰った嫁のおかげで、かなり横着なこの老人も、方々へ質に入っている自分の田畑をとり返さねば済まなくなり、後には朝草まで刈りに出かけるようになって、稼ぐことの快味を知って死ぬことになった。

この伯父は昭和十年の五月に七十七歳で死んだ。瑞性院泰翁浄観居士。

この頃は、私が東京で文筆生活に入り、喰うや喰わずの時代だったので、朝重は私に知らさずに葬式を済まし、あとで私と大喧嘩《おおげんか》になった。

「――お前のオヤジは俺にとっても伯父だということを忘れたのか」

「――いや、迷惑をかけては悪いと思ったのだ。お前は、新しい仕事にかかったというからの」

「――それが余計な事だ。その根性が気に入らん。俺が行けないからよろしくとなったとしても、知らすべきことは知らすべきだろう」

さんざん毒づいたが、あとの祭りで、それから間もなく戦争に入り、戦争に入ってからは、どちらもそのことは忘れたことにして交わった。

その朝重も、昭和二十七年に亡くなり、その妻のツヤも九年遅れて昭和三十六年には、私に、自分で飼った蚕《かいこ》の手つむぎ手織りの絹一反をくれて亡くなった。

梅光院朝燦玄重居士（梅田朝重）

慈明院貞心月光大姉（梅田ツヤ）

どちらの顔も私の生きてある限り、私の瞼《まぶた》からは消えない、なつかしい微笑をもって生きている。そう言えば朝重の殊《こと》のほかに草花を愛す習慣などは、私の中にも、そのまま生きている。庭木や庭草の手入れをしながら、よく似たものだとふと想い、これが、自慢の百姓の性だぞと、自分の拙句を口ずさんだりする。

菊ひたしわれは百姓の子なりけり

執着縁起

菊花の涙

菊ひたしわれは百姓の子なりけり

私がこの句を作ったのは、終戦間もない頃で、言わば日本中が貧乏のどん底にあえいでいた頃だ。作ったのはむろん東京で、「ゆく春」の室積徂春《むろづみそしゅん》師や、土師清二《はじせいじ》さん、村上元三《むらかみげんぞう》さん、山手樹一郎《やまてきいちろう》さんなどと句会で敗戦の苦痛を忘れようと努めていた頃だ。

この「菊――」は私の郷里で毎年秋季に、ひたしものにして賞味する「思いのほか」と俗称する薄紫の菊花である。ただその花を観賞するだけではなく、喰《た》べてみると思いのほかに美味《うま》いところから、この名がついたと言われている。

この句をあちこちで書き散らして歩いたおかげで、今でも、毎年、その季節になるとこの花を送ってくれる人があり、私は感謝しながら賞味しているのだが、自分が庭に植えて喰べようと考えたことはない。

それほど美味ではない……と、いうことではなくて、この菊花から来る連想が、それを私に許さないのである。

この句を作る時に、私が連想したのは植物の菊花だけではない。言うまでもなく、第二次大戦とその終末を通じて知った天皇の御紋章、十六弁の菊花に通ずるものだからだ。

事実私は、あの不幸な、支那事変からの太平洋戦争がなかったら、皇室の存在などには、案外、無関心のままであり得たかも知れない。

それが、あの長い戦争を通じ、否応《いやおう》なしに、その存在を知らされた。しかも終戦の時点では、「――もしこの国に、天皇が在《おわ》さなかったら……」と、一時も、そのことが脳裏を離れない実感になっていた。

皇室がなかったら終戦はなく、終戦がなければ、今ごろまでベトナム同様の殺戮が日本本土で続いていたであろう、と信ずる私にとっては、天皇こそが、平和のカナメであり、われわれの生命の唯一の護《まも》り手に想われた。

今でも、当時を想うと全身が粟立ったのだが、天皇の、憲法を超えさせられた決断がなく、あのまま本土決戦に雪崩《なだ》れこむことになっていたら、むろん私は死んでいたであろうし、私の息子たちも、一族の誰彼も、みんな死んでいたであろう。何よりも今の若者の七割以上は生れていまい。もちろん私の娘もなければ、孫どもも生れて来る機会がなかった道理だ。

その意味では、終戦こそまことに稀有の生命的な「――御聖断」であった、と実感をこめての一百姓の子の作句だったのだから、その御紋章に通ずる菊花を、庭に植えて喰うなどはもってのほかのことであった。

いや、それどころか、当時としてはこの菊花を喰いものにしてのさばり返った連中に、激しい怒りさえ覚えた作句なのだ。

そう言えば、この句を作った直後の春に、岡山県から喰うや喰わずの私あてに、桜鯛の浜焼きを一尾送ってくれた人があった。終戦後、私が口にした珍味の最初であり、第一でもある。

　桜鯛まず天皇《すめらみこと》に捧げなむ

それは、何のてらいもない、その鯛を見たおりの素朴な私の実感だった。事実その通り、私はまずその鯛を神棚に供《そな》えて、それから感涙にむせびながら頂戴したのだが、その次の句会の席上で、偶然にも徂春《そしゆん》師は、この桜鯛という席題を出された。

そこで、前掲の句を書き添えて出したところ、

「――フーム、山岡らしい」

と言っただけで、誰も涙は流さなかった。とたんに私は悲しくなって泣きむせんだ。

その時のことを、同席していた玉川一郎《たまがわいちろう》さんは、

「――山岡が射涙《しやるい》をした」

と、随筆の中に書いている。私の泣き方は、涙を流すというのではなくて、涙を頃射するのだという彼一流のユーモラスな表現で、この畏友は、私のことを、戦前も戦後も一向に思想を変えない男、と褒めてくれた。ところがこれはいささか誤った過褒《かほう》である。

私は戦前にも戦中にも、ほんとうの皇室の有難さなどは知らなかったのだ……日本の国家という巨大な機構の中で、とにかく納得できる善と悪とのケジメを守って生きようとする小心な庶民の一人に過ぎなかった。それがあの終戦という稀有の出来事に遭遇し、それこそはじめて天壌無窮《てんじょうむきゅう》の生命体としての、深淵な肇国《ちょうこく》のところに触れ得たのだ。

いや、戦場で絶えず経験して来た、

「――天皇陛下バンザイ！」

の兵士たちの、最後の絶叫の意味に、眼を開かれたのもじっに戦後であったと言える。天皇は、われら民族の父として、生き残ったわれらのためにポツダム宣言を受諾されたのだ……ということが、はっきりとわかってからである。

わかってみると、畏《おそ》れ多いことながら、わが父系の祖先が三代続けざまに当主を戦場に失ったあとで、子孫のために土着を決意した苦悩と悲しみも、おぼろげながらわかって来る。

わが祖先の、武装を捨てて土着したのも生命のため、陛下の御聖断も生命のため、これほどの未来にわたる生命尊重が、世界のいずれにあったであろうかという、愕《おど》きと感謝と、それがわかったという微かな誇りとが、前掲の「――菊ひたし……」の句には秘められている。

この句を書き散らすようになってから、私の世界を視《み》る眼はかなり変った。実生活の中でも、私は祖霊の祭祀《さいし》を怠ってはならない事と考えるようになったし、祖霊を考えない人間に、末路は必ずどこかで自我と相剋し、悲惨になるぞという預言者めいた不安までを感じ取るようになった。

弥陀六絶句

さて、私はまた脱線しすぎた。しかし、かくべつ急ぐ旅ではない。一人の人間の「――生きている」ということの中には、時代を超えたさまざまな想念の錯雑《さくざつ》が、肉体的な条件の外にも実在するということを知って戴くため、あえて気儘《きまま》を許して貰おうと思う。

さて、父の家系について書いたのだから、均衡上からも母について少し書かせて貰わなければ気が済まないことになった。

私は時々、父に似ているのだろうか？　それとも母に似ているのだろうか？　と空想する。

この空想に終止符はない。何ぶんにも母にも似ているし、父にも似ている。二人の合作なのだから当然な話さと妄想を打ち切るのだが、母が七十歳ごろになって、はじめて打ち明けた話に、祖父の系図探しというのがあった。

私の祖父が、当時のわが家の稼業である農業に、かくべつ精励したという話はあまり聞いたことがない。

しかし家業以外のことでは、まことに生活に幅があったようだ。祖父が若いおりに生家を出奔して来て、江戸城明け渡し直後の江戸でとまどった話などは、何度聞かされても手に汗を握らせるものがあった。

私が知るようになってからの祖父は、百姓のくせに野良着など着たことはなく、一年に一度は必ず上京して来て、歌舞伎と大相撲を見て戻った。

冬になると太棹《ふとざお》の弾き語りで、私に芝居の真似《まね》などさせるのだから、それは、若い頃からの江戸行きの見よう見まねであろうと私は思っていた。ところが、これもある日、一人娘の母が私に洩《もら》した。

「――爺さまの道楽が芝居だけならよかったのがな。草相撲の方もショッキリ（初切）というてな、方々の村から買いに来るので困ったものだ」

「――ショッキリって何だい？」

「――相撲の名人だと」と、祖母はあっさり言ってのけた。

素人相撲の大関や関脇は体が大きい見てくれのよい若者を選んでゆくが、このショッキリはそうはいかない。一応は四十八手を使って見せ、なるほど相撲巧者と、買っていった相手の村の当事者を納得させるだけの手腕がなければつとまらない。つまり一団の技法上の首領であり、統率者でなければならなかったものらしい。

芝居の方も見るだけでは納まらず、近隣の製糸家の若旦那たちを語らって一座を組織し、三《さん》条市《じょうし》の三条座ができあがったおりのコケラ落しに、江戸役者の一座だと称して堂々と乗り込み、人力車で町廻りをやってのけたというのだから、開いた口がふさがらなかった。

「――切腹の判官《ほうがん》だの、陣屋《じんや》の熊谷《くまがい》だのを見ていると、ほんとうに江戸役者で通るほど巧《うま》かったゾ」

これは、江戸へ出て見たことがあったか無かったかわからない祖母の述懐なのだから恐れ入った。

何しろ若い頃には、相撲だ、芝居だ、踊りだと言って走り廻り、半年ぐらい留守になるのは珍しくなかったらしい。

そのつど、祖母はウロウロする。意見をした方がいいのか悪いのか、ほんとうにわからなかったものらしい。

意見をすると、一年でも二年でも、帰って来なかったというのが、祖父の父であったからだ。祖父の父、すなわち私の曾祖父、二代目庄蔵の話は後に譲ろう。つまり祖父は三代目、私は母を経て、同じ芝居好きの五代目庄蔵というわけだ。

その若い頃に芝居好きで困った祖父も、舞台は四十二歳でピタリとやめた。

場所はどこだったか覚えていない。留守が多くて困り果てた祖母が、まだ嬰児《みどりご》の母を連れて田舎の村芝居に乗り込んだ。と、演《だ》しものの中に熊谷陣屋があり、その時には祖父は主役の熊谷は後進に譲り、弥陀六《みだろく》（弥平兵衛宗清《やひょうびょうえむねきよ》）を勤めていたという。

例によって弥陀六が空とぼけて花道にかかり、背後から義経《よしつね》が呼び止める見せ場になった。

「――弥陀六待て。いやさ、弥平兵衛宗清どの……」

義経の呼びかけにギクリとして立ちどまったその花道へ、祖母は、嬰児の母を押しあげた。

「あれが父《とと》だ。早よう行って抱きつくのだ」

母は無理に押しあげられて、半泣きで弥陀六の腰へすがり付いた。と、すがり付いたとたんに、緊張のあまりこの子役は、ワーッという声と一緒に脱尿した。

この時は、さすがの弥陀六も絶句してウロウロした。祖母はわき立つ見物の中に姿をかくすし、子供は必死で縋《すが》りつくしで、芝居は滅茶滅茶になってしまった。

わが家へ帰って来た時の祖父の表情は凄まじいものであった……と祖母は言った。しかし、一言も文句は言おうとしなかった。そして、それきりピタリと芝居は止めてしまったというので、私も遠慮し、このことを改めて祖父にただすのは止めにした。

幼な心にも、それでピタリと止めたのならば、責めてはならないという気がしたのだ。

今になって考えると、この芝居をやめて、村の重達《おもだち》の役目を神妙に果たしだしてから、祖父はどうやら家系探しにかかったらしい。

祖父の系図探し

自分が、どこのどんな人間の子孫かということは、ある年齢に達すると、何となく気になるものらしく、祖父は四十二歳以後に、あり余る精力をその方に向け変えたと見える。これを口実にして、方々旅ができるからでもある。

ご存知のように、たいていの系図書は桓武《かんむ》天皇とか清和《せいわ》天皇とか、大織冠鎌足《たいしょっかんかまたり》とかから始まっている。祖父が心覚えに持ち歩いた山内《やまのうち》家の系図も、この鎌足公で始まっている藤原《ふじわら》氏の中の首藤《すどう》系だ。

この祖先が太平記《たいへいき》の中に顔を出すのは、平治《へいじ》の乱の義平《よしひら》（頼朝《よりとも》の兄）十六騎の一人として活躍する頃からで、簡単に言えば頼朝の乳母の家にあたっている。

頼朝と共に育ったこの三郎経俊《さぶろうつねとし》は、頼朝に最初の挙兵に誘われた時、乳母の子の山内滝口《たきぐち》弟の俊秀《としひで》と双六《すごろく》を争っていて、

「――佐殿《すけどの》に、何ができるものか」と、笑って起たなかった。そのため石橋山《いしばしやま》の合戦《かっせん》では頼朝に向かって矢を射かけなければならないことになり、のちに頼朝に捕えられて首を討たれることになった。言うまでもなくこれは西行法師《さいぎょうほうし》（右兵衛義清《うひょうえよしきよ》）とは同族である。

その時乳母であった経俊の母は、頼朝に倅《せがれ》どもの生命乞いをしている。

「――この子たちの父も祖父も、みな源家《げんけ》のために生命を捧げているのでございます」

すると、頼朝は一筋の矢を取り出してこれを見よと乳母に示した。

「――この矢がもうちょっと違ったところにあたっていたら、頼朝の生命はなかったのだ」

その矢尻には滝口三郎経俊の名が、はっきりと刻まれていた。

しかし頼朝は、乳母の嘆願があまりにあわれなので、ついに、父祖の功に免じて経俊を許している。

「——日ならずして経俊が首を見んと思えども、父祖の忠節、かつは女性の嘆きも不感なれば、生命はお身に参らすべしとて、御免追放せられけるが、のちに召し出されて本領安堵のうえ、伊勢の国の守護となし給う」とある。

こうした物語を読んで、血の気の多い祖父が、系譜の断絶している部分をそのまま抛《ほう》ってはおけない気になったのはわかる気がする。

とにかくこれが、鎌倉の山内に在住して山内を名乗り、その分家の一つが和泉に来ていて、こんどは護良親王《もりながしんのう》に仕え、親王の近侍としてもう一度鎌倉にやって来ている。

この護良親王から、鎌倉入りに大功ありとして大小一腰《ひとふり》を授けられた。この大小がどうなっているか？　その行衛《ゆくえ》を探さなければならないというのが祖父の口実であり、執念でもあったらしい。

それから祖父は、会津へ行ったり、酒田《さかた》の本間《ほんま》家へ飛んだり、土佐の山内家の系図を頼って遠州から三河へ旅したり……つまり、思いのままに旅をする口実を得たわけだ。それだけに山内、あるいは山之内を名乗る者が、いずれの地方に、どのようにして住んでいるかというようなことにはかなりくわしく、

「——どうも分らん。誰が売り飛ばしてしまったか。けしからぬ子孫だ」

終りにとうとうさじを投げてこぼしていた。

「——会津にいたおりには、まだ大切そうに大小を持っていた……それが越後に来てからは、もう持っていなかったようだ」

越後へ入ったのが文禄《ぶんろく》年間。私の生れた佐梨《さなし》に土着したのが元禄《げんろく》年間。この間の約百年がさっぱりわからない。

元禄以来は、まことにレンメンとして近くの寺の過去帳に戒名《かいみょう》が載っているのだが、百年間の空白は、祖父の手にも足にも負えなかった。ところが、近頃になって、ひょんな事からこの間の暮しぶりの一端が判明した。

私の妹の伜の敏生というのが郷里で私の母と同じ名のせい子という嫁を貰ったところ、その家に一つの伝承が残っていた。湯之谷村《ゆのたにむら》の一部落だが、その嫁の家に、

「——佐梨の庄蔵の祖先は、わが家へ草鞋《わらじ》を脱いだのだ。その祖先なるものが、寺子屋を開いて書いたものがつい最近まで残っていた……」という情報だ。

つまり祖父が不明のままで死んだ約百年間は、私の祖先が、代々、寺子屋の師匠をしながら越後路をさすらい歩いた年月らしいという見当がついた。

元禄年間に、わが部落に土着したのが山内幸右衛門、それが山内徳次郎を経て、ちょっと珍しい存在だった初代庄蔵になるのである。

この初代庄蔵は、祖先の寺子屋の師匠ぶりと、いささか面目を異《こと》にした異端者だったらしい。

これは、黒船が浦賀にやって来て、日本中がアメリカの脅迫におびえている時に、

「——よし！　一つアメリカの金を儲けてやれ」

そして、海へ十何里という山の中の寒村で、製糸から生糸《きいと》の輸出に着眼して動きだしたのだから、この地方としては確かに進取的な変り種だったが、しかし私が、ここで言おうとしているのはその事ではない。祖父の妙に権高い身ぶりやそぶりの中には、この系図旅行の影響があったらしいということと、これも、あまりにハッキリしている梅田家の系譜と無関係ではなかったということだ。

勝気《かちき》な祖父にとっては、系譜の上でも梅田家より一段下に見られるのが、たまらなく忌々《いまいま》しかった点があったに違いなく、そうした祖父と、その祖父に育てられた私の母、せいに育てられてゆく私の関係は、なんとも微妙なものであった……と、思うからにほかならない。

偏なし談義

太閤記と信長記

祖父の熊吉翁と、父方の伯父の梅田亀太郎翁とが、わが家の招宴で酒杯を交す時の会話というのは、まことに珍奇なものであった。

テレビもラジオもない時で、四書五経といった学習書以外、二人の愛読書は共通していた。石山軍記《いしやまぐんき》であったり、太閤記《たいこうき》であったり、信長記《しんちょうき》であったりする。そこで両者の人物論が闘わされるのである。昂奮して来るとお前さまや、あなたさんが、いつの間にか、「――貴公」になったり「――貴殿」になったりする。むろん、信長《のぶなが》も秀吉《ひでよし》も親類扱いだ。

のちに加賀生れの女房を連れて帰省した時、義弟が私のことを「――大人《たいじん》」と呼んだので、

「――越後では、あんな言葉をつかうのですか?」

女房が眼を丸くしたことがあるが、大人も、貴公もご貴殿も、じつはみんな百姓なのだから何とも可笑《おか》しくて堪《たま》らなかった。

昂奮がさらに騰《たか》まると、この貴殿は、御様《おんさま》となる。

文字に書くと、御に様と重ねるのだから、よほど相手を尊重した発言のように聞えるが、このオンサマというのは決して敬語ではない。

「――オンサマはよほどのバカ野郎じゃ」

いっぺんに侮蔑の意味になるのだから、言われた方も黙っていない。

「――何じゃと、この偏《へん》なし野郎め」

この偏なしでは大笑いしたことがある。家康《いえやす》の家臣の高力某《こうりきなにがし》を「――ドチ偏なしの高力」と呼んだ旨のことが某書にある。それを見てさる学者が、つくづくと感心した。

文字どおり、高力某は、どちらにも偏寄《かたよ》らない公平温厚な人物であったと思ったらしい。

豈《あに》はからんや、これは三河産の言葉で、大バカ野郎というほどの意味である。偏なし……つまり、偏《かたよ》るべきほどの自己も持たず、決断すべき時に決断もできない。文字としても扁《へん》の欠けた間抜け男を「――偏なし」と呼ぶ。

これにドチがつけば、どちらへも偏らないどころではなくて、どうにも手のつけられない阿《あ》呆《ほう》という意味だ。

面白いのは、こうした悪罵まじりの談論のあとで、

「――いや、この話はこれで打ち切り、そこで貴殿に一献《いっこん》差そう」

「――フン、然《しか》らば、さらりと、頂戴つかまつる」

不幸にしてか幸《さいわい》にしてか、私はこの両翁の取っ組み合いだけは見ずに済んだ。だいたい同席している親類たちもこれでホッとするのだが、この論争の対象は、時に太閤や信長の人物論から、岩見《いわみ》重太郎《じゅうたろう》になったり、塙団《ばんだん》右《え》衛門《もん》になったりするのだから相当なものであった。年齢《とし》は亀太郎翁の方がすこし若かったのと、自分は客という自制があって、辛うじて、熊吉翁に一目おくふうに見えた。

そうした遠慮があったので、私が熊吉翁の子にされているとわかった時はよけい腹が立ったのだろう。

とにかく私の戸籍が曝露《ばくろ》するまでのわが家は、まことに胎蕩《たいとう》たるものであった。妹の美代がすぐ生れたゆえもあって、私はもっぱら祖父母の手もとで抱き寝されながら育った。

祖父は退屈に任せて、何でも教えこんだし、食事も大ぜいの家族とは別仕立であった。

百姓の戒め

私が祖父の手もとを離れた時は三年生の第一学期、つまり九ツになったばかりの時だが、その時には、私はもうわが家の財産も、家計の内容も、あらましは頭の中に入っていた。

百姓というのは他からは覗《のぞ》き得ないほど、用心深く生活設計にきびしいものだ。天候が相手というだけではない。一年のうち半年近くは雪の中におかれるという自然条件のきびしさが、無計算の生活を許さなかったゆえでもあろう。

「――百姓はな、どんなに貧乏《びっぼ》しても手離してはならないものが五つある」

と、祖父は言った。その第一は田であり、第二は畑であり、その第三は薪山《まきやま》、第四は草山、そして第五は山林だぞと。

田は、どんなに困っても一町歩、畑は五反歩、薪山は八ヵ所（八年分）以上。草山は堆肥《たいひ》に必要なだけ……それから山林は三十年目ごとに家屋を新築するものとして、その二、三軒分はいつでも山に生えていなければならないものだと教えた。

「――それだけ持っておれば、腹が立つのに、頭を下げたり、己れをまげて月給取りをしたりしないで済む」

祖父の言うのは決まっていた。つまり男たるものが、意にそわぬ勤めをして、月給袋をわが家に運ばなければ家族が生きられぬというのでは、生活は始めから片輪だというのだ。

面白くなかった時にはいつでもさっさと職を辞して家に帰って、黙って大地を耕すことだ。その用意を怠るようなものは、つまり、

「――偏なし」ということになる。

「――偏なしになるな」

どこの山に杉の木が何本生えているとか、今年はどの山の薪を伐《き》ったから、来年はどこを伐るのだとか、それは養蚕用の桑畑から、毎年履く家族の下駄用の桐の木の育ちまで、いちいち私に訓《おし》えていたようだ。

ようだ……というのは、そんなにくわしく聞かされた覚えもないのに、私の頭には入っていたからだ。

毎年秋になると、廻り下駄屋の職人がやって来る。すると、あらかじめ伐らせてあった桐の木をひかせ、家族数に応じて下駄を作り、軒につるして去ってゆく。木挽《こびき》も来て修理用の板を挽いてゆくし、布団や布子の洗濯婆さんも廻ってくる。祖母は干栗、干柿、アラレ、カキ餅といった子供用のおやつを作って冬に備える。味噌も醤油も漬物もみんな手造りで、買うものと言えば酒と石油ぐらいのものであった。

この徹底した自給自足が頭にこびりついて離れなかったと見え、東京のわが家には、土蔵の地下室にいまだに戦前の木炭が何俵か残っているほどだ。

何も東京でそれほど用心深くなる必要もなさそうなものだが、毎年十一月になると、翌年の四、五月ごろ分までの炭を積み込まないと安心できない。よくよく寒冷地の百姓に生れついていると感心するのだが、そう言えば、東京のわが家には無用のものが何と雑然とあることか。揚餅臼《あげもちうす》もあれば杵《きね》から蒸籠《せいろ》まで揃っているし、膳椀も四、五十人分はあるだろう。呆《あき》れたことに旦那用の駕籠《かご》まであるのだから、時々自分で首をひねることがある。

「——やっぱりこれは偏なしかいな……？」と。

しかし、それほど用心深い孫の私も、わが祖父熊吉翁には、参ったことが一つあった。ある時、わが家の田畑を調べてみると、三町歩以上の田があるのでびっくりして、

「この分なら、分家を二軒出してやれるの」

すると祖父は、渋い顔をして首を振った。

「——そんなにない。そんなにないぞ」

「——でも、佐梨川《さなしがわ》の出口に一町三反歩……」

「——それが無いのだ。おれの方がよく知っている」

祖父は私を現地へ連れて行った。

「——そもそも川というものはな、流れの方向が変ってしまえば無くなるのだ。見ろ、石ころと流れになって、何もないだろ」

「——フーン。これは大損害だ。四千坪も川床になっている」

私は息をのんだ。貧弱な石ころ田圃《たんぼ》が一、二枚あるだけで、その他はすべて佐梨川と魚野川《うおのがわ》に蚕食《さんしょく》されて消えてしまっている。

「――爺さま、これ、登記はそのままになっているよ。すぐ訂正しなければ税金が大損だ」

すると祖父は、苦渋にみちた表情でまた頭を振った。

これは私が十七歳になって、しばらく故郷にいた時の話だが、

「――お前も智恵が足りんの。そんなことじゃ」

「――では、知っていながら、そのまま税金を払っているのかい」

「――そうだ。思う仔細あってな」

そう言ってから、祖父は、その仔細を説明した。

やがて、私が家を建てたいと言いだす時があるかも知れない。その時の、これは「――質物」すなわち担保物件に取ってあるのだと言った。

「――それはよくない。それでは詐欺じゃないかい」

「――詐欺ではない」

と、祖父は言った。

ここに田がないことは、銀行も、信用組合も、よく知っている。むろん、どちらも祖父を信用はしているのだが、担保物件がなければ金は貸せない。

「――金は返せばいいのだからな。しかし、書類が整わなければ、銀行も組合も貸せないとこ

ろなのだ。つまり、この川原は借金用のものとして必要なんだぞ」

この時、私は何となく黙ってしまった。銀行も組合も知っている……という言葉に気押《けお》されたのかも知れない。

実のところ私はその後、祖父にこれを担保にさせて金五百円也借り出した。会社を潰したあとで、神田《かんだ》の三崎町《みさきちょう》に小さな工場を作る時に……そして、そのまま夜逭《よに》げをしたのだから、私の手からは返していない。

しかし祖父と母は、この何の値打ちもない石ころ河原を、三年がかりで凡帳面に請け出していた。何ともはやである。

こうした私の不始末はとにかくとして、この田圃化して川原になるという手厳しい事実と、百姓として確保すべき土地条件の訓えとが、私に郷里での生活を捨てさせたことと無関係ではない。

つまりわが家は、私と義兄《あに》の喜三郎と二人では継げなかったのである。二分すれば、喰《く》えない百姓が二人できる。祖父の言う片輪が二軒できても仕様がない。

そうなれば、私の方で自立を計るよりほかにないではないか……

日本一の高利貸

さて、私の戸籍が曝露するまでは、私は至って幸福であった。

わが家は昔風の萱葺家《かやぶきや》で、建坪五十坪ほどで、あちこちに穴倉のような二階があり、母屋《おもや》のほかに祖父母用に建て増した二階造りの中門《ちゅうもん》があった。

母屋は大きく三つに仕切られていた。奥は座敷、中が板張りの茶の間（冬は畳を入れた）、そしてそれに広い土間がついて、稲の始末はここでした。

入り口脇に厩《うまや》があり、馬までがわがもの顔に家の中へ首を出していた。

その厩の先に土間続きの玄関があり、玄関を出た先に古色蒼然たる土蔵が建っていた。

この土蔵にも悪戯《いたずら》しすぎて二度ほど入れられたことがある。

むろん長くは入っていない。中で雛人形の箱を探し出し、首をポキポキ折ってやったらすぐに出してくれた。出さなければ米俵の上に小便をひっかけるぞと姉を呼びつけて脅《おど》かしてやった覚えもある。

幼い私の記憶では、わが家にも、世帯の足しにはならないガラクタが沢山あった。

初代庄蔵が横浜や江戸で買い込んだものであろう。

田舎では見かけない台ランプがあったり、雛人形にしても酒落《しゃれ》た文具や絵本類があったり、道中差しにしても、凝《こ》った拵《こしら》えのものが赤錆のまま入っていた。

だいたい私は、それらのものを片っぱしから持ち出しては、研究と称して壊すのが仕事であったように思う。

家の造りは案外そまつであった。

初代庄蔵が五十まで生きていたら改築すると言って、四十八歳で死んでしまっているからだ。
この初代庄蔵には女の子は六人ぐらいあったようだ。
それらもたいてい、初代に続いて製糸業をやった近隣の家に嫁《とつ》がせていたようだが、その初代が死んだ時に二代目、すなわち祖父の父はまだ十三歳であったという。

この十三歳の二代目には庶兄があった。二代目は十三歳で、この庶兄を、親に代って小出島《こいでじま》の横町にある大黒屋弥兵衛の娘に養子にやった。

この養子に行った庶子が、初代庄蔵の製糸業を継ぎ、俗称大弥《だいや》という製糸家で大成した。
この庶子の娘のおやまが、博文館《はくぶんかん》の大橋新太郎《おおはししんたろう》に嫁いだ。大橋進一《しんいち》氏の母堂である。
大弥の初代は私には覚えがない。しかし大橋夫人の兄にあたる「――お爺さま」は私もよく覚えている。

その頃は小出町一番の製糸家で、父子二代にわたる働きもので、年貢米も約一〇五〇俵ぐらい入る地主になっていた。

どうして私がこんなことを書くかというと、この二代目の柳沢弥平の伜《せがれ》に柳沢柳吉というのがあり、私の幼年時代と深いかかわりを持つことになるからである。

この柳沢柳吉は、少年時代東京の大橋家にやって来て、ここで商業学校を卒業し、通学は人力車でしたというのが自慢の変り者で、東京の新聞の通信記者であった。

変り者と言えば、みんな少しずつ変っていた。

この新聞記者の柳吉の叔父、つまり大橋夫人の兄弟に日本一の高利貸もできている。金色夜《こんじきや》叉《しゃ》のモデルにされた大橋新太郎も、時々融資を仰いだというのだからよほどの金持だったのだろう。

その名は柳瀬万吉。ただし、私は一度もその人を訪れたことはない。

「――どんなことがあっても万吉のところへ行くような偏なしになっちゃならねえぞ」

と、祖父はその職業を極端に嫌っていたからだ。

「――あやつには俺も貸しがある。八十円だ。あやつは俺まで倒した奴だ」

よく聞いてみると、この日本一の金持が小出を出奔してゆく時の祖父は被害者のようであったが、とにかく周囲からさまざまな人物が出たものらしい。

私は五歳になって、この大弥の柳吉なる人物と祖父とで建てた佐梨川と魚野川の合流点に近い演武場（柔道道場）に移った。祖父と三人で、これはまた、何とも退屈な道場主の暮しであった。

壮んなる蜂

川原の演武場

演武場というのは言うまでもなく道場のことだ。

大正の初めになって、何を考えて柔道道場なんか、川原の中におっ建てる気になったのか？未だに私にはさっぱりわからない。

今ではそのあたりは、緑町《みどりちょう》とか何とか言って、すっかり町の住宅街になっているが、その頃は町からも道路からもぽつんと離れた川原のまん中であった。

その周囲にわずかに開かれた新田《しんでん》と、石ころだらけの畑があり、食うのには事欠かなかったにせよ、この道場で実際に柔道を教えたことなどほとんどない。

表向きの道場主は、東京の商業学校を出て戻った大弥《だいや》ののらくら息子、通称「弟様《おっさま》――」の柳沢柳吉だった。

私はこの柳吉を今でも無類の偏《へん》なし、であり、偉大な怠け者であったと驚嘆している。

とにかく彼は、新聞記者とは自称していたが、俗に言う職業や生活のために、あくせくと働く世間並みの姿など、一度も見せたことはない。

いつもだらしない着流しで、町で姿を見かける時には、たいてい揚子《ようじ》をくわえて程々《ほどほど》に酔っていた。

それだけならば、まだよかったが、時々こつえんとして町から消えうせる。

行く先は雪のない上州らしく、前橋だの高崎だの、ところどころに妻らしい女もあれば、子供もあるという話だったが、真相はわからない。

この柳吉先生が、こうした脱社会人になったのは、兄の大弥《だいや》のあととりが若くして亡くなり、すでに長男の弥一を残しているので、その後見をさせながら後を継がせようとして、大弥のお爺さま（父）が、呼び戻した頃から始まったという伝説だった。

お爺さまは、東京の学校を出た柳吉を呼び返し、子持ちの嫂《あによめ》と娶合《めあわ》せて、大いに家業の繁昌を計る気だったらしい。

ところが、この大橋家から呼び戻されたおっさま（弟さま）は、嫂と一緒になるにはなったが、その後まもなく銜《くわ》え揚子で消えてしまった。

「――さて、わが家にも、たいへんな偏なしができてしまった。ダメだ。大弥のあとなどとんでもない。あんまりボロを出させないよう監督はお前に頼む」

そう頼まれたのが、すなわち私の祖父の熊吉翁で、柳吉の年齢《とし》は、だいたい私の父と母の間くらいであったと思う。

その柳吉が、川原へ道場をおっ建てた。おっ建てたからと言ってそこに居つくというような小人物ではない。

ある日、またぞろ銜え揚子で姿を消して、監督者である祖父のところへ一葉のハガキが舞いこんだ。

「――武者修行者も絶えて現れず、退屈で堪《たま》らぬゆえ当分諸国を遍歴つかまつる。よって、留守と開墾の儀は、よろしく頼み入り候」

この建物を建てさせたのは、このあたりで石を枕とし流れに口漱《すす》ぐで、開墾にでも興味を持たせようというのがお爺さまと私の祖父の魂胆で、こうなったのではないかと思う。

それにしても、相手も悪いが、見通しも悪すぎた。

私と祖父母とは雪消《ゆきげ》を待ってこの道場に移り住んだ。決して上等の建物ではなかったが、広々とした道場に、ブツブツと表から頑丈な麻糸で縫い上げた青畳が数十畳敷きつめられ、師範《しはん》台《だい》のところを茶の間にして暮した。

「——あの偏なしめが、どこをウロついていくさるのか。大弥に合わせる顔がありゃしねえ」

祖父はここで当分私を相手に相撲を取りながら、近くの開墾にあたることになった。

むろん自分で手を下すことなどほとんどなく、家人《かじん》を呼びつけたり、手のあいてる部落の人々を頼んだり……

ここに約一年、雪が深くなって出入りができなくなるまで住んだので、私はさまざまな経験をしてのけた。十余人の家族が、いっぺんに三人になったので、祖父の相手はいつも私だ。

何よりも相撲が強くなったし、体も敏捷になった。

とにかく一人で泳げるようになり、魚もカジカ、やまめ、はやなど間々にぎりで捕えることも覚えた。

小鳥ばかりでなく、毎朝道場の前まで七、八十歩、湧き清水の小流れに顔を洗いにゆくので、大きな鳥に出あってびっくりもした。鴻《おおとり》や、ときなども時々来たように思う。

それから、今でも眼に焼きついているのは鉄砲水という出水の凄まじさであった。

東の山の空が暗くなったと思うと、こちらはカラリと晴れわたっているのに、まっ赤に濁った二メートル近い濁流が、まっ白な屏風《びょうぶ》を立てまわしたように河床を埋めて殺到する。最前線がまっ白に見えるのは泡立ちだ。その泡立ちの前を幾抱えもあるような石がブンブン飛んで来る。息の詰まるような壮観さだ。

こんなものに打《ぶ》っかってはひとたまりもないので、遊んでいても絶えず東の空の明暗や、入道雲を気にする習慣もこの時ついた。

そして白い泡の屏風がまっ赤な濁流に変った頃には、あちこちの岸辺の水たまりは魚の群でいっぱいになっていた。あわてた魚が、難を避けて窪み窪みに迷いこむのである。

この魚を捕えるのを「濁りすき」という。小笊《こざる》を持って迷った魚を掬《すく》いとるのだが、バケツに一杯ぐらいはすぐにとれた。

この出水でも、道場だけは安全だった。洗面したり、炊事をしたりする清水のあたりまでは泥流でいっぱいになるのだが、川口が佐梨川《さなしがわ》より大きな魚野《うおの》川《がわ》に注いでいるので水ハケは極めてよい。

しかも水の引いたあとの泥土は、開墾した田や畑に、適当に流し込んだり掬い込んだりして土地を肥やすかてになる。

利用の仕方では、何でも役に立つものだと、ある意味では大胆にもなったような気がする。

薪木《たきぎ》もこの出水のあとの川原にいっぱいあった。流木がそのままあちこちに流れつき、その上にカンカン陽が照りつけるので、持って来ればすぐに焚ける。

こうして約一年ほど暮している間に、道場へやって来た武者修行者というのはたった一人であった。

その人を私は覚えている。講道館の当時四段か五段であったろう。今でも健在で、ある地方で道場を経営している人だが、この人も半月ほど祖母の炊く飯を食べたあとで、

「――キミが大きくなるまでは、待てないからな」

そう言って、頭を掻《か》きながら退散した。

その時は雨が多く、明けても暮れても相手は私ひとりであったのだから、退屈でやり切れなくなったに違いない。

しかし、彼が座ったままで、相手をしてくれるので、私はいくつか柔道の手を覚えた。覚えたおかげで、その後梅田の貞夫にこれを用い、亀太郎伯父のひんしゅくを買った。

「――相撲に柔道の手を使うんじゃない。この偏なしめ」

カラカラポッチャン

私はいよいよ小学校に入った。

隣家の貝瀬万之丞の家に、五つ六つ上の子供があり、それが小学校に連れて通ってくれたの

だが、誰が怖いとか、誰が意地わるだったとかいう記憶は全然ない。

つまり、気おくれの記憶がないのだから、友達の数はふくれあがるし、悪戯《いたずら》の場は拡がるしで、ご当人はすこぶるご機嫌で走りまわっていたのであろう。

そう言えば、成績とか勉強とかいう種類の記憶も全くない。そんなことは考えてもみなかったのだと想像できる。

もうこの時には、私が、祖父の子になっていたことは両親に知れている。父も母も、それで心を痛めているはずであったが、私には何も感じさせなかった。

私の記憶の中で、母に反感らしいものを覚え、減らず口を叩いたのは、一年生から二年生になろうとする頃であった。

ある日、学校から戻ってみると、わが家の鏡戸にふしぎなものが下がっていた。

一つは新しい鞄《かばん》であり、もう一つはボロボロの単衣《ひとえ》であった。新しい鞄の方は、想像がついた。一年間で私は鞄を滅茶滅茶にしているので、その代りであろう。

「これは何だ？」

と、私はボロの方へあごをしゃくった。

「それは、お前が三等賞より下がった時に着てゆく着物だ」

と、母は言った。

「フン、これを着てどこへ行く？」

「乞食《こじき》になるにも裸じゃ可哀そうだから」

母はっとめて平然と、囲炉裏《いろり》の煮物をのぞきこみながら答えた。

「フフーン、そんなことか」

「そんなこと……って、わかったのか」

「わからぬように産んだのか。そんなバカを生むのなら、親は余っぽどの偏なしだ」

「なに、親に向かって何という！」

「何と言うもない。オレ、お前に産んでくれなんて、一度も頼んだことないぞ。気に入らなかったら、いつでもサッサと腹の中へ戻せばいい」

とたんに母は、まっ蒼になって火箸をおいた。火箸をおくと裂けそうな目で私を睨《にら》んで、それからすっと立ちあがった。

さすがに私もハッとしたが、母の腹立ちはわからなかった。母は土蔵へ走りこんで、しばらくすると、手に小さな嬰児の肌着を摑《つか》んで戻ってきた。

「そんなこともあろうと思うてな、大切にしまっておきましたよ。さ、これを着て下され」

「これは、何だ？」

「はて、お前が生れた時の肌着ですよ。これを着て下され。おっしゃる通り、腹の中へ戻しましョ」

薄気味わるい静かな切口上《きりこうじょう》で、眼の縁はまっ赤であった。

もうその頃、母と祖父の喧嘩《けんか》は相当はげしくなっていたと、あとで祖母に聞かされた。それで母は母なりに、癇《かん》を立てていたのに違いない。

私は、拙《まず》いことになったと思った。

私が、小学校にも成績順があり、それが麗々しく張り出されることに気がついたのはこの時だった。

「へへヘンのヘンだ」

と、私は言った。

「こんな口いさかいをしていると、ほんとうの偏なしになっちまう。やめたやめた」

「な、なんだと！　小さくはなれないのか」

「なれたら、家中がおったまげて病人になっちまう。だから、小さくなる代りに一等賞になってやる。その方がお母《かあ》もいいんだろ。アハハハ……」

それでも、まだ母は何か言った。

大きくなったのは誰のおかげだとか、親の恩を忘れるな、とか……むろん私は聞いてはいない。

途中からやって来た祖母の方が悲しそうな顔だったので、その晩寝てから祖母に甘えてやった。

「お祖母《ばあ》、どんぐり頼むヨ」

「おやおや、この子はまだ、お噺《はなし》してやらねばねんねできないのかい」

「そうさ。いっぺんに、どんぐり百も落してしまえ」

「はい、はい。お山にの、大きなどんぐりの木があって、それにいっぱい実が生《な》っていたと」

「フン」

「そのどんぐりの木の下の方に、川が流れていての。秋も深くなったすけ、どんぐりの実が落ちると、カラカラカラ……と乾いた音をたててポッチャンと、川の中に落ちたと」

「フン」

「たんと生っているからの、また一つ、カラカラ、ポッチャン、またその次のが、カラカラポッチャン……」

「まだ、たんと生ってるだろう?」

「そうとも。そこへ風が吹いて来て、カラカラポッチャン、また別のがカラカラポッチャン……また一つ、カラカラポッチャン……」

私はその声の底で、やはり母の腹立ちが尋常ではなかったように思えて……しかし、その時には、それだけで眠ってしまった。

母の瞋恚

私がびっくりして眼をさましたのは、何時ごろであったろう。

あわただしい足音が家中を走りまわり、それから激しく階下《した》の井戸のポンプが汲みあげられる音が耳に入った。

それは二年生の仕付け休み（農繁期）の早朝で、私はまだ祖母に起こされず、寝床の中へ一人で寝ていた。

祖母はすでに起き出し、階下《した》で母とともに朝餉《あさげ》の支度をしているのに違いない。

何か異常な空気を感じてはね起きると、私はそのまま台所へ走った。

台所であわただしくポンプを繰《く》っているのは、流し台の上に上体を突き出している半裸の父であった。父は、夢中でポンプを繰りながら、頭からザアザアはげしく冷水をあびている。

私が声をかけても聞えぬもののようなので、私はまた茶の間へ走った。

と、そこには妹を抱いて座った母と、立ったままポンプの音に聞き入っている祖母のまっ蒼な怯《おび》えきった顔があった。

「どうしたんだい？」

「……」

「なぜ、黙っているて？」

「あのな、義兄《あに》さ（姉婿喜三郎）は医者を呼びにいったんだよ。医者が来れば、きっと大丈夫だよ。死にはしないよ。なあ」

祖母が言っても母は答えない。気がつくと、妹を抱きしめている母の手が小刻みに顫《ふる》えている。

気の強さでは祖母とは比較にならない母であった。

それだけに、私はすぐさま妹の顔をのぞき込んだ。妹が病気になって、死にそうなのだと思った。

ところが、妹はスヤスヤと母の膝で寝こけている。

もうこの時には、二番目の姉も嫁《とつ》いでいたし、その場に祖父の姿はなかった。

あとでわかったのだが、この前日か前々日あたり、祖父と母は激しく言い争ったものらしかった。

そして、母は座ったまま膝を、火箸ではげしく祖父に一撃されたのだという。

その火箸のあとも、じつはあとで私は見せられた。双の股へ横一文字に紫のあとがベッタリと残っていた。

そのうち、父がガタガタと音をたてて震えながら駈け戻って来た。

「寝かせてくれ。寝かせてくれ。全身が焼けるようだ」

父は私の前を素通りして、座敷にのべてあった自分の寝床へ飛び込んだ。祖母がそのあとからうろうろと追いすがり、父の体に夜具を掛けた。

「寒い！　いや、熱い！　ああ、体中が燃えている！……」

寒いというのはよくわかる。今まで浴びつづけた井戸水は氷のように冷たいのだ。ところが、燃えるように熱いというのが、私にさっぱりわからなかった。

「どうしたんだてえ、おばば？」

「それがの、蜂に刺されたんだよ」

蜂と聞いて、私はがっかりした。蜂ぐらいなら、私も何度か刺されている。いくら痛いからと言って、こんなに大袈裟《おおげさ》に騒ぐ必要があるものか……

「それで、医者を迎えに行ったのだかエ？」

「そうだ。生命にかかわったら、それこそ、それこそだからの」

母はまだ、全身を堅くして囲炉裏のそばを離れないし、父の震えは波のように加わるばかりだ。

私が、この蜂がどんな種類の蜂かわかったのは、それから二時間ほどして、医者がやって来てからであった。

小心な父は、一人娘の母と祖父の争いに心を痛めていたらしい。そして、その二人がついに正面から激突し、母は火箸で打擲《ちょうちゃく》されて寝込んでしまった。

父はそれを案じて、これは何か神仏の祟《たた》りでもと思ったらしく、朝草刈りのあとで、屋敷の内外の清掃にとりかかった。

旧《ふる》い家には屋敷内に得体の知れない祠《ほこら》や、お稲荷《いなり》さんの類《たぐい》がよくあるものだ。わが家にも十《じゅう》二山神《にやまのかみ》と、虫歯の神と呼ばれているものとがあった。

虫歯の神——

しかもそれが、先に書いた寅吉翁を分家した時の、少し離れた田の畔《くろ》に残っていたので、そこは蔓草《つるくさ》の繁るに任せたままになっていた。

その祠の中に俗に大カン蜂と呼ぶ、蜂の大群が巣をかけていた。

父はそれを知らずに、その巣の中心になっていた蔓草を、他の草と共に一挙に引き抜いてしまったのだ。

雀蜂《すずめばち》より幾分小さいその蜂の大群は、一挙に小心で律儀な父に襲いかかった……

医者の帰ったあとで、私は丹念に刺されたあとを数えてみた。

何と九十六ヵ所刺されて、それが急に冷やされたため、思いのままに腫《は》れもならず、頭から手足まで、まっ赤な茱萸《ぐみ》の実のように数えられた。

当然、氷のような水を浴び続けなければ死んでいたであろうという……

すべての原因は私にあった。母と祖父の争いも、父を蜂の巣に近づかせたのも、私が祖父の子になっていたためだ……

こうしてこの蜂禍《ほうか》が文字どおり、私の運命をも変えることになっていった。

貧乏恋い

分岐点とは

まさかに、この父の蜂禍《ほうか》による病臥《びょうが》が、私の生家を離れる原因になろうなどとは思ってもみなかった。

とにかく父はあれなり寝込んでしまい、わが家へは看病人として父の末弟がしばらく寝泊りすることになった。

この実弟は大淵政充と言って、真言宗の宗籍にあり、町にかなりの信者を持つ通称成田山《なりたさん》の、当時はまだ若旦那であった。

梅田亀太郎翁の末弟にあたるのだが、どうやらこれも亀太郎翁とひともんちゃくあったらしく、梅田家の末子として大淵家の養子になったのではなく、山内《やまのうち》家から、私の父の弟として、婿養子《むこようし》にやられたという関係だった。

したがって、その叔父が、先住はまだ壮健だったので、すすんで看病人を引き受けて、わが家へやって来てくれたものだ。

この叔父は、誰とでも睦《むつ》んでゆく温厚で色白の美男だったが、とりわけ叔父の仮親になって、大淵家へ婿入りさせた熊吉翁のお気に入りでもあった。

そんな関係で、破局に瀕したわが家の険悪な空気を和《やわら》げに来てくれたのに違いない。

たしか叔父は近衛騎兵上等兵で、はじめは除隊したまま東京に住むつもりだったらしい。東京では姪婿にあたる東京堂《とうきょうどう》の大野《おおの》孫平《まごへい》のもとにしばらく身を寄せていて、のちに私に、東京堂に行くようにという交渉などはいちいちこの叔父がやってくれていた。

「――おれはな、商売人には向かんそうだ。大野さんにそう言われたよ」

商売人には不向きでも、坊さんには打ってつけだった、と私はいまも思っている。

自分も他人も偽れないまっ正直さが全身を貫いていた。

そんな叔父ゆえ、私の知らないところで、父の看護にあたりながら、いろいろ母と祖父との間の和解に骨を折ってくれたと思う。

いったいわが家に何ヵ月いてくれたのか？

この叔父が居てくれたことによって、私は、その後の母と祖父との衝突はほとんど感ぜず、依然としてやたらに動きまわる明るい腕白坊主で済んだと思う。

父の病気も冬ごろまでには自分の事は自分でやれるようになり、気がついた時には、叔父も成田山に帰っていたし、視界は見渡すかぎりまっ白な冬になっていた。

その時も階下《した》の土間では、義兄《あに》が下男と一緒に稲の始末をしていたと思う。学校はあるいは正月休みであったかも知れない。祖父は炬燵《こたつ》のそばに碁盤をひき寄せ、和本の碁譜を見ながらパチリ、パチリと石を置いてみていた。その前で私は猿飛佐《さるとびさ》助《すけ》かなんかに読みふけっていたと思う。

「おい、庄蔵、おまえ貧乏《びつぼ》というのをどう思うか？」

いきなり老眼鏡をはずした祖父に問いかけられて、何気なし、ドキリとしたのを覚えている。

「貧乏ならば、いま修身で習っている。二宮金次郎《にのみやきんじろう》は貧乏だったんだ」

「金次郎のことじゃない！」

祖父は不機嫌に私の饒舌《じょうぜつ》をたしなめて、

「師範《しはん》学校へ行って、学校の先生になるのがいいか、それとも貧乏で、小学校を出るとすぐ丁稚《でっち》か小僧にやられるのがいいか？　それを聞いているんだ」

「フーン」

私はもうあらかた見当をつけていた。そうなるとなかなか喰《く》える小僧ではない。私はすかさず祖父に問い直した。

「お前さ、いったい、どっちが好きだい？」

「決まっていらあ、貧乏なんぞ好きなものは一人もない。四百四病の中で、貧ほど辛いものはない、と言うだろう」

「フーン、おれはそうじゃない。家貧しくして孝子あらわれ、国乱れて忠臣出《い》ずだ。貧乏って、すっけわるいもンぢゃねえぜ。それより、お前さ、何を考えて、すっけのことを言いだしたがいいんだい？」

「口の減らねぇ男だ。講談ばかり読みおって」

祖父は舌打ちした。

「母《かか》はこの家から出るかも知れねぇ。それで汝《んな》に訊《き》いているんだ。家に残っていれば、師範学校へやって先生にしてやる。母と一緒だば、遠からず下男か丁稚だ。おれはな、子供は天からの授かりもンぐらいのことは知っている。だから、命令はしねえぞ」

特に命令はしねえに力をこめたのは、母のことで、命令し損なったせいだと、すぐにわかった。

したがって、せいいっぱい良心と対決しながらの発言だったのだろう。

「どっちでもいい。師範学校か貧乏か、好きな方を取ったらいい」

「フーン。だば、階下《した》の衆（両親のこと）は追い出すのだかい？」

「追い出す……!?」

私は今でもその時の苦りきった祖父の顔を忘れない。おそらく祖父にとっては、このくらい心外な忌々《いまいま》しい言葉はなかったのだろう。言いわけ嫌いの祖父が、この時ばかりは口をとがらせて、

「いまにわかる！　お前は、貧乏か学校か、好きな方を採ればいいんだ」

私はすぐにそれに応じた。

「そう、早急には決めかねる。これは相当思案を要する分岐点だ」

「何だと、ブンキテンというのは、何のこった⁉」

私は今でもそんな言葉を、どこで覚えたのか思い出せない。とにかくこれは一大事になったと思い、せいいっぱい茶化すつもりで、どこかで噛《かじ》った新知識をふり廻したのに違いない。

「分岐点とはわかれ道だよ。二宮金次郎も考えたぜきっと、貧乏もしたいし、学問もしたい、忠ならんとすれば孝ならず、孝ならんとすれば……」

「バカ野郎！　貴さま、それだから……」

私は、その時、口をゆがめた祖父から、飛んだことを聞かされた。

悲しき悪童

祖父はその時、村の小学校の学務委員だ。それで聞き出して来ていたのだろう。学校では私は扱いかねる悪童で、クラス（約二十人）のためにならないから、三年生を飛び越させて、四年生にしてしまえという意見が出ていたのだそうな。

「汝《んな》はな、威張っておせっかいで、なまいきで、先生なんど屁《へ》とも思わぬ。それで四年生に追いあげてしまえというんだ。それをやっとあやまって、体が小さすぎるから、このまま三年生にしてくれるように頼んで来たんだぞ。わからんんか」

そう言われると、私も弱いところがあった。私は習字の時間に、硯《すずり》の中へ小便を仕込んで注ぎまわったと触れさせたことがある。

じつはそれは嘘であった。クラスの中にも一年生の中にも、筆をとりあげるとすぐに穂尖《ほさき》を嚙《か》んだり舐《な》めたりして、口をまっ黒にする子がたくさんあり、そのつど、先生に叱られていた。そこで私は、先生もあまり賢くはない。おれならば、そんな癖は、一度で治してみせるとごく親しい友達に豪語した。それでつまり水注ぎの中へ小便をしたという噂を流させただけのことだ。

むろん私は実際にはしていない。というのは、私も時々忘れて穂尖を嚙むからだ。

しかしこの噂はみんなの癖を直した代りに、私は罰として立たされてしまった。大ぜいの前に立たされて、

「ほんとうに小便をしましたか？」

先生に問いただされて、せっかく効果のあったあとだけに、じつは嘘ですとは言えなかった。男というものはつらいものだ。

それにおせっかいでも、なまいきでもなかったとは言わないが、それにしても、とんだ悪党に見られたものだと、内心は悲しかった。

とにかく私は速答を避けて、すぐさま階下《した》へ出かけてみた。

なるほど母の顔も尋常ではない。いささか眼尻がつり上り、それが血走っているかに見えた。

「お母《かか》、成田山も、出て行ってもいいと言ったのか？」

私は囲炉裏《いろり》のそばに胡坐《あぐら》をかくと、煮物を見ながら何か縫っている母に言った。

母はチラリと二階を見やって、

「言い出したのかい？」

「ああ。家にいれば学校だし、ついて出れば丁稚か子守り奉公だって」

私は数え年七つで小学校に入ったので、この時八つか、あるいは九つになったばかりだ。

母はしばらくジーッと私を瞶《みつ》めた。そして、眼を伏せたと思うとポトリ、ポトリと泣きだした。

「祖父《じい》さまと一緒じゃな、父《とと》の病気は治らない……」

「フーン」

「気性が弱すぎるんだて、父《とと》は……」

そして私のことには何も触れずに、はげしく洟《はな》をすすりあげた。

（――別れて頑張る気だな……）

そう思った時に、私は一緒に出てやらねば済まない気がした。祖父も祖母も大好きだが、母には母でそれ以上の、切ないものがあるように想えた。あるいはここでも、私の天野屋利兵衛《あまのやりへえ》が顔を出したのかも知れない。

「ハハハ、ちょうど学校で貧乏の話をきかされたばっかだて。貧乏はいいもんだぜ。負けさえしねえばのしい」

「……」

「おらア貧乏がしてみたくて仕様がなかったとこだ。ンだば、お前と父と、おれと、美代(妹)とか」

「シゲも(すぐ上の姉)付いて出ると。シゲの奉公先はもう決まったぜ」

「えっ、奉公先……」

「そうしなければ喰べてゆけない。シゲは何とかなるまで、繁ンどん(村内の皆川家)で預かってくれると」

(——ヤレヤレそんなところまで来ていたのか?)

私の心はこれで決まった。

そして、その年の旧正月、それが、私の生れた家での最後の正月となり、そろそろ雪が消えかけ、私が三年生になろうとする休みの間に、私たちはわが家から約一キロほど離れた町に近い小松《こまつ》部落に空家を見つけて移っていった。

無一物の家

空家へ移るまでの私は、口癖のように貧乏がしてみたかったのだと言いふらした。これは祖父に聞かせるためでもあり、母をなぐさめる意味でもあったが、決して勇ましい門出ではなかった。

父は半病人、四月に近いとはいえ大地は点々と残雪をおき、山麓は、まだいっぱいの雪で埋もれている。それにシゲの姿が消えていたのが淋しくて、空家へ入ると同時に、私は囲炉裏へしたたか薪《まき》を持ち込んだ。

薪は陽気をかき立てる。そこでまた一くさり、貧乏礼讃《らいさん》をやる気であった。

ところが、私が薪に火を点《つ》けると、母が顔いろ変えてその半ばをもみ消した。

「薪は大切にしてくれや。もう、庄蔵どんじゃないんだすけ」

この一語がじつは私の、全く思いがけない新しい生活の入り口だった。

何とこの時、母が祖父から貰って来たものは、薪木《たきぎ》十把と玄米一俵。それに寝具と食器のほかには一物もなかったのだ。

どうしてこんなことになったのか?

すべては性格と愛憎のからみあった祖父と母との奇妙な対立からであった。

わかり易《やす》く言えば、祖父に一人娘を追い出す気などはありようがない。そこで、出て行っても生活のめどの立たないような難題ばかりを出して来る。

ところが、この祖父に酷似した気性の娘は、一歩もあとへ退《ひ》こうとしない。

「——出て行けるものなら行ってみるがいい。田ンぼも畠も一切分けないぞ」

「——はい。出る以上は、あなたの世話にはなりません」

「——なに、世話にはならん!? よし、そんなら止めない。途中であやまって来ても絶対に入れないぞ」

「――はい。死んでも戻っては来ませんから」

「――よし、そんなら、今すぐ焚くものがなくても困るだろうから、薪木十把に米一俵、それっきりだ。何も遣《や》らぬ」

「はい。それで結構です」

これが、私の知らないところで交された一人娘とその父親の対話であったらしい。

これでは、世のつねの貧乏などというものではない。薪木十把は、凍死しないために絶対に必要な二日か三日分の燃料、米にしたところで、一俵四人では、二十日間保《も》てばよい方だ。

さて、家移りの日はそれで済んだ。味噌も野菜もその日は母がどこかで見つけて来たのだろう、はじめて摂《と》った夜食はかくべつ記憶にない。むろん電灯はまだなく、たよりない三分芯のランプの下だが、愕《おどろ》いたのはその翌朝からであった。

眼をさましてみると、父も母も家にはいなかった。すでに春耕が始まりかけているので、どこかへ手間賃稼ぎに出たのだろう。

来年小学校という妹の美代が、私の首ッ玉にしっかりとしがみついて寝こけている。

私はとにかく、この妹の始末をつけて、学校へゆかなければならない。

「――なるほど、これが貧乏か……」

私は唖然《あぜん》としてしまった。

しかし唖然としているだけでは事は一歩も前進しない。

私はまず玄米を磨《と》いで飯を焚き、少しばかり残っている味噌と大根の切れっぱしで汁を作り、それから妹を起こして一緒に喰べて、髪をお下げに結ってやった。

髪を結ってやってハタと困った。妹めが、自分も学校へ連れてゆけと言って、ワーワー泣くのだ。

今だから笑って話せる。しかし、この時には本当に小さな胸を痛めた。とにかく、シゲ姉でも居てくれたらと思うのだが、それもいない。

仕方なく度胸を決めて、

「これ、預かってくれんか?」

妹を連れて、前の家に飛び込んだ。

その家には、今では私の書いた扁額《へんがく》が仰々しくかかっているが、その家に私よりも一級上の、隆重という長男があり、その姉、弟、妹と、子供はたくさん揃っていた。

「一人ぐらい、どうってことア無いろい」

すると隆重の母は、眼を丸くして事情をただし、こころよく預かってくれたばかりか、美味《うま》いものはないが、みんなと一緒に昼食もさせておくから安心して行くようにと、自分の倅《せがれ》とも ども送り出してくれた。

この種の親切は、故郷の味の中でも最上等のものだ。この家は利兵衛どん新宅《しんたく》と俗称されている那須栄次郎氏の家で、今は隆重の代になり、帰省するとすぐに襲いたくなる家の一軒だ。

私の通学路はこれで変った。以前よりも町にずっと近くなり、その代り学校との距離は二倍になった。

二日目に父の置き手紙があった。学校の往復に、生家へまわり道して、祖父に「――行って参ります」「――いま戻りました」と挨拶せよというのだ。

「――追い出されたくせに、何という律儀なこった！」

じつは、私も祖父母の顔はみたい。したがってこんなことで父にさからうはずはなかった。

それにしても、薪木は見る間に減ってゆくし、私たちが起きている間には、父も母も戻らない。

私が、隆重の家で居眠りしている妹を引っ抱えて戻り、何とか夕飯らしい食事をさせて、朝起きてみるとまたいない。

「――どうかしているんじゃないかなあ、家の親どもは……？」

私が首を傾《かし》げたのは、父も母も、私のために金銭をちっとも残しておいてくれないことだった。

新学期の始まりなので、教科書はとにかく、次々にノートやら鉛筆やらの買い物があった。そのたびに、忘れたとは言いかねる。あるいは両親は祖父母にねだるものと思っていたのかも知れない。

が、どっこい、こっちは、そうはいかない。貧乏礼讃をして出て来た男が、そう簡単に頭を下げたのでは、猿飛佐助にも岩見重太郎《いわみじゅうたろう》にも合わせる顔がなくなるからだ。

そこで思いついたのが、もろもろの東京新聞の販売店もかねているふところ手の柳沢柳吉だった。

幸い彼も春になったので、銜《くわ》え揚子《ようじ》で町へ舞い戻っている。

「さて、弟様《おっさま》、新聞は今日からオラが配達するぜ」

私は、その日もプンプン酒の匂いをさせている柳吉の寝込みを襲った。

勇ましきなみだ

八歳のアルバイト

「まだ、お前に新聞配達なんぞはできない」

柳沢柳吉は、寝床から首だけ出して嘲笑《わら》った。

「母《かか》あ、爺さまと喧嘩したそうじゃないか。ハッハッハ……女のくせに気ばかり強くてあのバカ女が……あの爺さまにはな、オレだって抵抗《さからう》のを止めにしているんだぞ」

「そんな話はどうでもいいいて。お前さんは、配達人にいくら払っているか、それをオラに廻せばいい。それだけだぜ」

「ゼニがないんだな。爺さまに貰って来い。爺さまも婆さまも金持だぞ」

「なるほど。こりゃ偏《へん》なし弟《おっ》さまだ！　二宮金次郎《にのみやきんじろう》が乞食《こじき》じゃあるまいし、ペコペコ頭を下げて金を貰って歩くと思うかい。お前さん、町の人が、お前さんのことを何と言っているか知らねえな」

「なんだと、オレのことを何と言っている？」

「それが訊《き》きたかったら、起きらっしゃい」

「この野郎、なるほど相当のもンだな。よし、起きてやる。さ、何と言っているか聞かしてみろ」

「別に大したことじゃないてエ。大弥《だいや》の与太オジ、大弥の偏なしオジと言ってるだけだ。たまにや孝子の手伝いでもして、ちっとは汚名をそそがっしゃい」

柳吉はほんとうに起きあがった。

そこで私は、すかさず硯箱《すずりばこ》と巻紙を突きつけて、

「佐梨《さなし》四ヵ大字《おおあざ》だけでいいぜ。何の誰兵衛が、何新聞をとっているか、それをここへ書かっしゃい。いくらお前さんがのめし（怠け者）でも、字ぐらいは書けるだろう。新聞記者だもんの、ンし」

突然、柳吉は、筆を持たされたまま桁のはずれた声でゲラゲラと笑いだした。

「佐梨の家にや、おかしな小僧ができたもンだぞ。よし書いてやろう。その代りお前が配達す

れば配達人はいらなくなる。配達人が困ってもいいというのだな」

「仕方がないてエ。配達人は郵便配達だ。ありゃ郵便局から月給貰ってる。新聞は内職だし、それにお前さんだば、そう高く払うはずもねえしのし」

「この野郎！　お前は爺さま以上にオレを舐《な》めてるぞ。仕方がねえ。書いてやる。その代り月給は月一円だぞ」

「一ヵ月に一円……ちっと安いが、負けとくか。その代り前金だぜ。新聞はオレが配って、お前さんにくわえ揚子《ようじ》でどっかへ消えられちゃかなわねえからのし」

のしだののンしだのというのは「――喃《のう》おぬし」の方言だが、柳吉は、この前金のことはあんがい簡単に承知して、

「――大事に使えよ」と言って、五十銭銀貨を二つ出してくれた。私はむろん一円という金に、当時どれだけの価値があるのか知ってはいない。そこで負けておくなどと減らず口を叩いて、人生最初のアルバイト料を手にしたのだが、手にしてみてびっくりした。

一円というお金は、満八歳の私には簡単に使い切れる金ではなかった。鉛筆は五厘、ノートは一銭五厘か二銭。筆はよく覚えていないが、とにかく二つ頬張ると頬が痛くなるような飴玉が、一銭で十六個もあったのだから、私は文無しから一躍して学校いちばんの小遣い持ちになってしまった。

私の生涯で金があり余って困った記憶が三度ある。その最初がこの八歳の時で、二度目は上

京して二年目に、文選工として徳永直《とくながすなお》の「太陽のない街」で有名な博文館《はくぶんかん》印刷所に入った満十四歳の時だ。この時は一ヵ月に六十円もの時間給を手にして、ほとほと困った。巡査の給料が十円台という頃だから無理もない。三度目は、五十歳すぎて「徳川家康」が売れすぎた時だが、この時は、一億円以上も入ったので、何に使おうかと思案していたところ、国と区と都が合計九十三パーセントという税金を取ってくれたので、かくべつ困りはしなかった。

それにしても、よくよく金に縁は持とうとしない私のような者にも、生涯で三回、金が余って困るという経験を持っているのだから、このことは誰にもある機会としてあえて特記しておくべきことだと思っている。

とにかく八歳のアルバイトは成功した。成功に堕落はつきもので、当時どんな厳寒時でもほとんど裸足《はだし》であばれ廻っていた小学校で、私はその次の冬、両親に内証で足袋《たび》を買って履《は》き、これを妹に発見されてこっぴどく母に叱られたものだ。

それにしても、このアルバイトで柳沢柳吉という、変り者を身近に知る機会を得たのは、まことに面白い人生の配剤であったと思っている。柳吉自身は、人間の運命同様あてにはならない。風の如く来て、風の如く去ってゆく。消えたと思えばまた現れ、現れたと思えばこつえんと消えてゆく。

戦争中にはもっぱら「どぶろく」を造って飲むことに専念していたが、しかし、この柳吉は、私が東京のどこに居を移しても忍者のように現れた。そんな時にはだらしなくふくらませた懐

中に、おせんべえだの餡《あん》パンだの、二合壜《びん》だの餅菓子だのを詰め、

「ソレ、まだあるぞ、ソレ……」

ぐっと大きく胡坐《あぐら》を組み、女のようにムッチリした肉置《ししおき》の白い両股をむき出しにして、言葉に調子をつけて叩きながら、アッハッハ……と笑って財布の中の金まで見せた。

「どうだ。金は天下のまわりものさ。もっともお足とも言うからな。そういつまでも、オレの懐中にまごまごはしちゃいねえ。しかし今はまだあるぞ。ソレ、これもお金だ。ワッハッハ……」

財布のほかに、生糸《きいと》相場の買い伝票まで出して見せた。

（――なるほどやっぱり製糸家の生れだわい）

どうせ生糸相場だって損する時が多いのに決まっている。しかし、時たま勝って金が入るとこうして見せにやって来るのは、よほど私が可愛かったり、気にかかったりしたからだろう。

そして、またこつぇんと東京から消えてゆくと、こんどは田舎の母の前に現れた。

「こんどの庄蔵の家はな、階下《した》が何畳と何畳で、階上《うえ》が何畳で……だんだん大けえ家に住みやがる。大した野郎だぜ、気性はお前にそっくりだ」

つまり私が手紙を書く代りに、母の前へ現れて、事こまかに報告してくれるのだ。

しかし、私の八歳のおりの金持は、一年あまりで再び消えた。こっそり足袋を履いたのも原因だったが、それ以上に母を悩ませたことがあった。これは真冬、雪のために道がつかず、村

でいちばん遠い上原《かみはら》部落へは、私が直接配達を怠ることになったからだ。

「――こんな雪じゃ、大人だってゆけやしない」

そこで私は木下藤吉郎《きのしたとうきちろう》もどきの知恵を働かした。学校まで新聞を運んでおき、上級生が戻るとき、これに厳命して配達させたのがバレたのだ。

むろん配達は無料ではなかった。一銭に十六個の飴玉を適当にシャぶらせて配達させたのだが、母はカンカンになって怒った。

もっとも母が怒るまでもなく、そのうち、柳吉がまたこつえんと雪の町から消えることになり、配達はもとの郵便配達人に引き受けて貰って、辛うじて柳吉の家業を続けてゆくことになったのだからメデタシ、メデタシであった。しかしこの最初のアルバイトのおかげで、私は村中の暮しむきまでくわしく知ったし、その後の町の興行ものは、適当に顔で入れるようになった。

柳吉の「新聞記者」の名刺に、彼の町にいる間に何枚でも書かせておく手を発見したからだ。

「この者入場致させ申すべく候――」柳吉がそう書くと、興行師は、いい顔はしなかったが木戸は通した。つまり、私が興行ものを見て、記者である柳吉に感想を告げてゆく。すると柳吉が、それを記事にするという建前で、私はさしずめ豆記者というわけだ。

「――おい、とても面白い、と言ってくれよ」

「――ああ、いいとも」

この豆記者は、歌舞伎はもちろん、新派まがいの芝居でも、連鎖劇でも、講談でも、手品でも、それから当時世に現れたばかりの活動大写真でも、見世物という見世物にはおよそ眼がなかったのだから、この柳吉の名刺の功徳《くどく》は忘れがたいものの一つであった。

もっともあまり好きすぎて、入りが悪いと自分で町廻りの旗まで担《かつ》いで、町の大通りでバッタリ祖父に会ってしまったことがある。この時には眼の玉の飛び出るほどに叱られた。

「——座頭でな、人力車に乗って歩くのならまあいいわ。どこのバカが旗を担いで……放図《ほうず》もないバカ野郎だ」

それやこれやで、一円の収入から遠ざけられてからは、私はまたしみじみと貧乏の味を味わい直させられることになった。

眼くされ婆ア

一年足らずで私たちは、小松の借家から、いよいよ町と橋一つという県道ぎわの新築の家に移った。この家は母の強情を見かねて、寅吉翁が建てて貸してくれたものであった。

そこで、三文商《さんもんあきな》い（その頃にはそう言った）でもしなければ暮しは立つまいという翁の同情心からで、寅吉翁が家を建てたとなると、兄の熊吉翁も少しは折れずにいられなくなって来た。そして、二年目から約十俵近くとれる耕地と演武場のある川原の耕作権を父に渡し、薪木《たきぎ》も、青島《あおしま》のわが家の山から伐り出してもいいとなった。

ところが反対に父の生家の梅田亀太郎伯父はすっかり怒りに輪をかけた。亀太郎翁が町へ出るためには、どうしてもこの家の前を通らなければならない。そこで三文商いなどやられては肩身が狭くてやり切れない。今度はハッキリ父と縁を切ると言いだした。

この頃は、この地方に農業を尊び、小商人をいやしめる癖《へき》が極端に残っていた。祖先伝来のちゃんとした商家は別であったが、百姓から脱落して、いわゆる三文商いをする者は、異人種のようにさげすまれた。

それで亀太郎翁は、私の家の前を通る時、いつも、父にも母にも顔をそむけ、ぐっと虚空《こくう》を睨《にら》んで通った。そうなると、私はわざわざ駈け出していって「こんにちは」と言ってやる。

「ウン」

渋い顔で笑ったような、笑わないような顔をしてゆく伯父が、私にはなんとなく可哀そうでならなかったが、父も母もそうではなかったようだ。伯父が通ると、必ずそのあとで顔を見合せて二人は泣いた。

最初の一年は、母の働きでとにかく餓《う》えずに済んだのだから、何も泣くことはないはずだと、その時は思ったのだが、いま考えてみると、これは父にとっても、たまらないことであったのだろう。

母は、生家を出た年は、村中の四、五軒の養蚕を一人で指導してまわった。県の養蚕教師の免状があったので、自分で全責任をもって立派な繭《まゆ》を収穫させなければ頼んだ家に済まない、と考えたのに違いない。

自分の家だけの養蚕でも、上蔟期《じようぞくき》にはほとんど不眠不休で働くものだ。それが四、五軒の養蚕を一人でひき請けて働いたのだから不眠ぶりは想像できよう。とにかくその年の秋には母の両眼はまっ赤にただれてしまっていた。

私には、むろんまだそうした母の苦労はわからない。そこで成田の叔父がやって来ている時に、私はうっかり叔父の前で冗談を言ってしまって、いきなり母に声をあげて泣き出され、ポカンとしてしまったことがある。

「叔父さんどうだ。家にも立派な眼くされ婆アさんができただろう?」

眼くされ婆というのは、いつも眼のふちを真っ赤にただらして、囲炉裏《いろり》のそばにうずくまっているトラホーム患者のことで、貧農の家には、よくそうした老婆がモミの煙りにくすぶっていたものだ。

むろん、私は笑わせる気で言ったのだが、良人《おっと》の肉親の兄にまで、縁を断っと言い渡されていた母にとっては、こんなに苛酷な言葉はなかったのだろう。その時には成田の叔父も、あわてて私を叱りつけた。

「誰のためにただらしたんだ。この家はな、この人で持っているのだぞ」

そう言えば、そうかも知れないと、私は思った。それにしても貧乏とはまた、何というジメジメした涙っぽいものであろうか。これじゃ、生涯貧乏と縁は切れないぞと、内心では少なからず反撥《はんぱつ》した。

母だけではない。次第によくなっていきつつあったとは言え、父の方は、母の何倍もよく泣いた。この方は病的だったと言っていい。伯父が前を通ったと言っては泣き、姉のシゲが富岡《とみおか》の製糸工場へ行って働くことになったと言っては泣いた。

一年目の早春に、父と二人で残雪を踏んで青島の山の薪木を伐りに行った時など、先に立って生木を背負って歩く私の足が細すぎると言って、声をあげて泣いたりした。

そんな時に言う言葉は決まっていた。

「――許してくれよ。なあ、庄蔵……梅田の孫が……庄蔵のあと取りが……どんな子供もしない苦労をしいられてる。みんな、みんなこの父《とと》が……」

そんな時には、私はだまって歩いた。うっかり口を利いて、このうえ泣かれてはたまらないと思ったからだ……

西瓜と味噌

商売気ぬき商法

とにかく私たちは、新しい県道端《ばた》の家で店を出した。この家がまた、間口八間の奥行き五間という妙にだだっ広い二階家で（じっは二軒長屋のつもりで建てたもの）、俗にいう何でも屋である。私は町へ行って菓子を仕入れ、母は、往来の人の昼食をめあてに、煮しめを煮込んだり、汁を作って売ったりした。

父の方はそんな器用なことはできないので、祖父のわけてくれた耕地へ通った。

そのうちに、夜になると菓子を喰《た》べに集まる村の若い衆が、菓子だけという法はない、酒も売れというので、酒をおいた。

「バカだな。酒よりビールというのがあるんだぞ」

「いや、おれはビールは苦くてかなわん。ラムネがいい」

「ラムネの新式を知っているか。サイダーというんだど」

「そうガブガブと、飲みものばかり置くなて。果物もおけて、果物も」

酒をおくと、若衆ばかりでなく、昼間田圃《たんぼ》で働いたあちこちの世帯持ちも集まりだし、私が気がついた頃には、手のつけられない店になっていた。

腰掛茶屋《こしかけぢやや》にも見えたし、居酒屋にも見えたし、雑貨屋にも、八百屋にも、食糧品店にも見えるという奴だ。

間口八間のうち、半分は、父のための農業に使うつもりだったのが、そっちの囲炉裏《いろり》まで晩酌組がはみ出して来て、ドラ声をはりあげて歌いまくる。

その頃にはこの千客万来の客が、ほとんど財布などは持って来ないのだから、私は面白がってばかりはいられなくなった。

勘定は一年に盆暮れ二度で、喰ったり呑んだり買ったりばかりではなく、中には表を通る瞽女《ごぜ》まで呼び込んで立て替えておけとなる。

そうなると、仕入れの銭はなくなるし、帳面は、学校のノートじゃ済まなくなるし、私の方も眼の回るような忙しさになって来た。

それまでは、家のまわりの掃除と、ランプのホヤ磨き、それに菓子の仕入れぐらいが私の受持ちだったのだが、そんなことでは手がまわらない。何よりも帳面つけという厄介《やっかい》な仕事をひき受けねばならなくなり、当然父も引っぱり出されることになった。

この忙しさは父の病気のためにはまことによかった。家の中が賑《にぎ》やかすぎて、メソメソしている暇がない。しかし、父は所詮《しょせん》終生商人になれる人物ではなかった。何しろ彼の良心と無計算さとは常識で律しきれないものを持っていた。桃一個でもラムネ一本でもまず売る前に、仕入れ値段をうち明けないと気が済まない。この奇癖に加えて、途中でケロリと稼業を忘れる習慣も持っていた。

夏祭りが近づいて、西瓜《すいか》をおけという者があり、私は十キロあまり離れた南魚沼《みなみうおぬま》の五日町《いつかまち》まで西瓜を仕入れに行ったことがある。

その頃はわが小出在《こいで》では西瓜を作る者がなく、父と私で借り荷車を曳いて出かけた。

父と一緒だというので、私はふっと不安になったのを覚えている。

（――この父《とと》に果たして仕入れができるかな？）

ところが、未明に出かけて仕入れるまでは巧《うま》くいった。

「ほう、一貫匁《かんめ》、いくらか……するといくらで売れればよいのだな」

その時もぬけぬけと相手に売り値まで聞かせて、約百二、三十貫匁ほど仕入れ、父が曳き、私が後を押して帰途についた。ところが浦佐《うらさ》から境川《さかいがわ》の小さい坂を登りつめたところで奇癖が出てしまった。

私たちは坂を登りつめて汗を拭《ふ》き、そこの路傍で弁当を使った。荷車などは曳いたこともなく、押したこともないので父も疲れているはずだったし、私もこむらがカチカチに凝《こ》っていた。

「おお、庄蔵！ あれを見ろ。あの車曳きは、坂をのぼりかねている。押してやろう。気の毒に、見ろ、西瓜をおれたちの二倍も積んでいる」

いきなり弁当を抛《ほう》りだして立ちあがったので、私もやむなく後に続いた。荷車がそれだけだったらよかったのだが、ちょうど坂の上まで来て、相手の屈強な専門家らしい男が、のどかに礼を言って曳き去ると、坂の下には次のがまた来てしまった。

「どうせ良い事の仕ついでだ。あれも二百貫匁は積んでいる。押してやろうて」

これも私は言われるままに父と二人で押しあげた。カンカン照りの真夏で爽快なほど汗が出た。というよりも、途中で眼くらみしそうになった。

「あ、また来たぞ。ええい、ついでだ……」

「オラ、嫌だぜ」

三台目に私は小さい胸を張ってこばんだ。

「あれぁ、みんな西瓜車だ。小出の祭りに売り出す西瓜だ。オラ嫌だ」

この反抗がいけなかった。

「おい庄蔵！　お前は、根性まで三文商人になったのか、他人の難儀を見捨てるような不人情な奴になり下がったのか……よしッ、汝《んな》なんかに頼むもンか」

私をその場に残したまま、肩を怒らせて坂を下った。

これで私の予算はすっかり狂った。私は他人より一足先に出て、正午すぎにはこの西瓜を店に並べて売り尽すつもりであった。

どうせ父に、他人より安く仕入れる能力はない。少しでも早く帰って売らなければ……そう思っていたのが、後の車にどんどん先に行かれてしまった。

父にはそんな計算もないらしい。

「祭りの日などというものはな、平素《ふだん》よりも少しでも良いことをしておくものだ。この心が大事なんだぞ。おお、また来たな。こうなりゃ、お前の分、もう一台押してやろう。お前はそこで休んでおれ」

ああ、何と親切な父親であろうか。こうして父が二百貫匁かそれ以上積んで来た車を、どんどん押し上げてくれたおかげで、小さな町の通りは西瓜だらけになり、父と私が足を腫《は》らして、それこそトボトボとわが家に帰りついた日昏《ひぐ》れ時には、西瓜の値段は、父の仕入れた西瓜よりも二割方安くなって、町の人々を喜ばせていた。

古梅干しの味

父の商法では、もう一つ忘れられない想い出がある。それは父が、何とはるばる遠出をして、梅の実を買い出しに上州まで行ったことだ。この時には、越後路では遅雪のためさっぱり梅の実がつかず、各戸ごとに梅干しを漬ける習慣があったので、近在の人が喜ぶであろうという目算からであった。

当時はまだ上越線は開通せず、三国峠《みくにとうげ》を徒歩で越えるのだから荷車は曳いてはいけない。そこで、先方で専門家を雇って運んで来るつもりで買い付けに行ったのだが、父は三日ほどで得々として帰って来た。

「――うまくいったぞ。何台でも寄こすといってたからどんどん売ってやってくれ」

何台でも……と、聞いた時に、私はまたしてもふっと不安になったが、そのまま学校に行ってしまった。

学校から帰ってみてびっくりした。だだっ広いわが家の空間が梅の実でいっぱいになっている。間口八間、奥行き五間の店の板の間は言うに及ばず、二階に上がるとここも梅、あそこも梅の、梅梅梅の大洪水で、家中が、われを忘れて深呼吸せずにいられないほどの香気であった。

おそらく私の生涯で、あんな素晴らしい香気を二度とほしいままにすることはあるまい。

「はい。また持って来ましたよ。どこへ降ろしましょうか」

「はい。続いて二台、こちらの旦那さまが、いくらでも持って来いと言いましたから」

見ると父は茫然《ぼうぜん》として、農家の方の梅の実の中にうずくまって考え込んでいる。

かんじんの母の姿はあたりに見えない。

「母《かか》はどこへ行ったがンだい」

「う……それが」

「それがどうしたてエ？」

父がはっきり返事をしないはずだった。次々に到着する梅の実代がなくなって、母は寅吉翁のところへ金借りに走ったのだ。

さあ、このあとが大変だった。梅の実などというものはどこの家でもそうそうたくさん要るものではない。近所の人まで頼んで売って売って売りまくっても、梅の匂いはさっぱり減らない。

しまいには、町の瀬戸物屋へ飛びこんでありったけの瓶《かめ》を買い込んで、眼を血走らせて梅漬けだった。

「――父《とと》は、商売はダメだぜ」

母の心からあきらめきった声と一緒に、わが家は一躍して村一番の梅干し持ちになった。その頃から二十年目ぐらいまで、私は帰省するたびに、その珍重な古梅干しを味わった。まさに稀有の体験と称してよいであろう。

十四歳で縁談

さて、私はこのあたりで私の当時の忙しさについて、もう少し書いておかねばなるまい。

「ああ、この酒は、石油臭いぞ」

大切なお客さまが首を傾《かし》げると、

「文句を言うなて。おれがランプに石油を注いで、手を洗うのを忘れたガンだ。そのくらい我慢さっしゃい」

何しろランプ掃除から盆暮れの請求書まで、四年生のときから、全部、私の仕事になってしまったのだから、酒ばかりではない、菓子に味噌の香が移っていたり、焼酎《しょうちゅう》が味醂《みりん》になったりもしただろう。

その頃、私は鉢伏せという雑魚漁《ざこりょう》もはじめていた。このトタンで造らせた平缶に麻の布をかぶせた奴を昏《く》れ方近くの川に伏せて来る。餌は蛹《さなぎ》の粉で、鉢の中央に丸く裾を垂れた布口を開けておくと、夜のうちに雑魚がいっぱい入っている。

これを朝早くあげに行くと、眠る時間はせいぜい三時間か三時間半しかなかった。客がなくなって寝るのは早くて十一時。午前三時には起き出している。

早暁《そうぎょう》の川へ裸でもぐって、鉢を持ちあげるとガシャ、ガシャ、ガシャと中いっぱいの雑魚がさわぐ……得も言われぬ眼ざましだった。それから父の農業のために朝草刈りをやり、飯をかっこんで学校へ飛んでゆく。

学校では三人分ぐらいの悪戯《いたずら》はやってのけた。その証拠に、一週間に一度、罰にならなければ奇蹟の部類で、先生も呆《あき》れたが、私も内心いささか持てあましていた。

「山内《やまのうち》！　お前は級長なんだぞ。級長が、そう度々立たされて羞《はず》かしいとは思わんのか」

「思っています。困ったものです」

「全く……どうなっているのだろうね。先生も、もう言う言葉がなくなったよ」

「そうでしょうネ、気をつけますよ、先生」

こうして四年生の秋を迎えた時に、わが家にちょっと事件が起こった。

私に、はじめて縁談の申し込みがあったのだ……

その頃わが家では酒ばかりでなく、味噌も醬油も売ることになり、醬油の方は無難だったのだが、味噌の仕入れでは失敗した。農家で味噌を買うような者は貧しい者に決まっている。そこで少しでも徳用になるようにと塩の利いた辛味噌をおいたのだ。ところがそれがさっぱり売れない。

父も母も貧乏人の方が、ちゃんとした百姓よりも、口だけおごっていることを知らない。二人が困っているので、私は慰めた。

「こんなこと、なんでもない。オレが売ってやる。心配ない」

そして私は障子紙に大きく「経済的味噌――」と書いて、樽《たる》にベタベタ貼りつけた。経済的などという文字は、いずれ、新聞の拾い読みかなんかで覚えたのだろう。とにかく妙ちきりんな漢語を使う癖を活用したのである。

ところがこれが俄然、店の前を通る人々の間で大評判になってしまった。経済などという言葉はまだ一般にほとんど使われていなかったからだ。

「――経済的とは何のこったべのう？」

「――その味噌だと味がどう違うというんだか、舐めてみべか」

こうしてその味噌はあっと言う間に売り切れてしまった。狙った貧乏人が買ったのではなくて、味噌を作りそこねた金持の方が、さっさと買って土蔵の中の自分の味噌樽に移してしまったからだ。

「――ほうら見ろ。世の中には、いろいろと事情があるもんだろ」

私がいささか得意になっているところで、これが最初の縁談につながった。

「――これは尋常の子ではない。大変な知恵者だ！」

だから嫁をくれるという縁談ではなくて、ぜひとも一人娘の養子に欲しいという縁談であった。

私が例の調子で学校から飛んで帰り、菓子の仕入れ箱を背負って家を出る時に、実直そうな羽織姿の人物が、両親と膝突き合せて何かしきりに話しこんでいた。

私にも何か言ったようであったが、私は、そんな者にかかわり合ってはいられない。早々に用を済ませて、少しでも余計に遊ばなければならないからだ。

帰ってみると、客はいなくて父と母とが妙に鼻白んだ表情で向かいあっていた。

「庄蔵、いっそお前は養子にゆくか？」

と、母が言った。半分、父をからかっている口調だ。

「養子に……ああ行ってもいいぜ。相手がど偉い金持で、毎日好きに遊ばせておいてくれればい、いのし」

「真面目な話だぜ。明日にもお前を引き取ってな、長岡の学校から、東京の大学までやるんだと。梅田の孫だということまで、ちゃんと調べて来ていたぜ」

「ふうーん、だば、一っ行ってみるか」

「嫁は、お前と同じ四年生でな、一人娘……向うは〇村のでっけえ造り酒屋だぜ」

「へエーん、それでわかった……それじゃ、家で売っている酒の醸造元じゃねえかて」

とたんに親父が、咽喉《のど》をひきつらせて泣きだした。

「おれじゃ、学校へもやれねえと思って……みんな……おれが……おれが……」

私はあわてて父をさえぎった。

「そうじゃねえて！　こっちが、後とりだってことを知らねえで来たんだて。お生憎《あいにく》さまでした、とことわればそれでいい。めそめそするなて、塙団右衛門《ばんだんえもん》！」

そう言えば、恰幅《かっぷく》だけはまことに堂々とした、戦国武者のような面構《つらがま》えの父であった……

雪の中の女工

行商よい日、悪い日

私はいままでも三文商《さんもんあきな》い当時の私をかくべつ不幸だったと思ったことはない。商家などというより、これは面白く賑《にぎ》やかな字《あざ》のクラブであったからだ。したがって盆にもくろく（請求書）を配ってゆくと、それぞれ親父に許されている小遣いよりも、だいぶ足が出すぎているから、歳末まで待てという若者が半数近くあった。

「まあいいだろう。無い袖はふれねえからのしい」

口ではそうは言うものの、それでは仕入れができなくなる。資金が続かなくなると、家主でもある寅吉翁のところへ借りに行くのだが、この寅吉翁がまた、苦労人のわりに貸し借りの方はやたらに厳しい。

そこで私の仕事はまた一つ増えることになった。現金で売れるものを考えて行商してゆくことだ。

商品は時々農家の女たちが、内緒で口にしたがる甘味とか、漬物に使う酒粕《さけかす》、仏壇や神棚への供物《そなえもの》、その他の、とにかく彼女たちが好みそうな日用品である。せいぜい、これは十銭どまりだ。したがって、一円の売上をあげるには、最低二十軒は歩き廻らなければならない。

当時、自転車に乗ることは、誰ので練習したのか、覚えていた。それで、しみじみ自転車が買いたくて、それをおさえるのに困った。父に知らせるとまた泣くので、学校から帰ると同時に家を飛び出し、父が田から帰った時には、先に家へ戻っていて、すましてランプのホヤを磨いていようというのだから忙しい。

この私の行商は母にとっても辛かったらしい。しかし辛い時に辛いと言えないのが母の癖で、時々顔をそむけるようにして私を叱りつけた。

「お前に商いなんか、して貰わなくて結構なんだ。いちいち何を持たせて出そうかと思うと、厄介《やっかい》で仕方がない」

「そこをがまんして造ってくれる。なんだな、さしずめこれは孟子《もうし》のお母さんてところだ。賢母だてエ」

「茶化すんじゃない！　みんなお前のためだと思うから出してやるんだ」

「だからニコニコしながら喜んで出てゆくだろ。一度もいやな顔なんかしねえだろ」

「あたりまえだ。お前という子はな、少しは他人に頭を下げることを教えておかないと、手のつけられない天狗《てんぐ》になる」

「フーン、そ奴は困る、オレが天狗だば、お前はさしずめ親天狗だ。母なるご仁を天狗にやできねえ。ハイ、行って来ます」

しかし、家を出てみると、なんとも困ることがあった。私は、自分ではそう思わなかったが、ひどく楽天的な喧嘩《けんか》好きであったらしい。

（さて、今日はどこへ廻って……）

と、肚《はら》の中で指を繰《く》ると、何とも行きにくい家が必ず何軒かあった。そこの子供とまだ喧嘩がしかけになっている。学校では気前よく啖呵《たんか》を切って撲《なぐ》りあっていながら、掌《てのひら》を返したように商人にはなりにくい。

そこで、その家を素通りすると、きまってよくないことが重なった。留守であったり、めざす人が病気であったり……

その頃の、何とも気の重い想い出から、私は、いまでも一つの癖を身につけている。人間には、よい日とわるい日があること。これは日だけではない、月もあれば年もある。そんな時には、あせらずゆっくり一献《いっこん》傾けながら考えてみる邪気《じゃき》祓《ばら》いが必要だと……

むろん当時の私にそんな分別はない。そこで、少しも中味の減らない竹籠を抱えて、寅吉翁の製糸工場の窓先を二回、三回と往復してみることにした。

工場で生糸《きいと》を繰っている百人足らずの女たちの中には、おまさ、おさだ、おとめ、などという寅吉翁の娘たち、つまり母の従妹《いとこ》たちのほかに、当の翁の夫人もいた。私の方から決して声は掛けないが、向うから見つけてやって来るのは拒まない。

「庄蔵、また売れないのだな」

私は返辞はできなかった。売れたか売れないか、見ればわかるだろう。

「さ、その籠をかして」

いちばん優しい声で籠を取ってくれるのは中原《なかはら》の皆川家へ嫁《とつ》いだおとめで、

「フーン、よくまあお前まで商いに出せるもンだな」

怒っているように籠を取るのは、私の母親に顔も気性もいちばんよく似た、分家しているおさだであった。

ここで生糸を繰っているのはみんな村の若い女房や娘たちなのだから、たいていこれで籠は空になり、中に銭が入って戻った。

そんな時に、「ありがとう」と言うべきなのだろうか？　それとも黙っていてよいのだろうか？

たいていそうした場合に、いちばん強く胸を叩いて来るのは、そのいずれもに、私と年齢《とし》のあまり違わない子供があり、その子供たちに、私はあまり優しくしてなかったということだ。

（こりゃ喧嘩も考えもンだなァ……）

と言って、言いたいことを言わずに過したり、せっかく息を吐きかけた拳固《げんこ》を、そのまま引っ込めたりできるはずのものではない。

そこで、私は喧嘩はしても、その日のうちに仲直りをしておくべきだとしみじみ思った。むろんこれも習慣になった。私はいまだに遠慮なく口論も摑《つか》みあいもやってのける。が、二時間経ったらサラリと忘れる。それでもまだ相手の胸に憎悪が燃え残っていると思った時には、怪我《けが》しないよう用心しながら二つ三つ撲らせる。敗北感を後に残さぬ、これが秘訣で、この奇妙な反省を私にさせてくれたのは他ならぬ寅吉翁の肉親だった。

いずれにせよ、私は悄然として父より一足先にわが家へ帰る。

そしてそんな晩には、特にやさしく父を労《いたわ》った。すでに秋も深まって、男たちは一年中でいちばん忙しい刈入れ期《どき》を迎えている。

そうなると、夜の賑《にぎ》わいも少《すく》なくなるので、私は父のためと、自分のために、講談本だの探偵小説だのを読んでやる。

どうせ読むのだから黙読よりは声を出して、みんなにも聞かせてやる方がよい。いや、聞かせてやる以上は、得意な声帯模写で三人や五人の人物の出入りは、声でわかるように朗読してやった方がよい。

これはいささか自慢になるが、私の朗読は、その後、講談学校で、客席でもやらされてすぐに免状をくれたほど立派なものだ。

私が父を喜ばせてやろうとして、熱演してゆくと、父は涙ぐんだり、ゲラゲラ笑ったりして、

「ウン、芝居を見ているより面白い！」

いい気になって炬燵《こたつ》で聞き入ったあとで、終るときまって怒りだした。

「しかしだ、お前のように、素ッ頓狂《すとんきよう》なバカ者は見たことがない。どこの旦那衆が、ねえアナタ……バカ野郎！　人間には人品というものがあるぞ。気狂《きちが》いのような声を出すな」

そうした時、父よりも母の方が、ほんとうに可笑《おか》しそうにクスクス笑った。

正月休みの姉

冬が来た。天も地もまたまっ白だ。その二メートル近い積雪の中へ、はじめて富岡《とみおか》の製糸場へ入って働いていた姉のシゲが正月休みで帰ることになり、私も父と一緒にこれを二十キロ離れた小千谷《おじや》の軽便《けいべん》鉄道の駅まで出迎えてやることになった。

当時の言い方で五里以上の雪路は小学校の四年生の足ではかなり無理な道のりだったが、私は一刻も早く姉の顔が見たくて往復十里という雪路を夢中で歩いた。むろん帰ってから一週間ばかりは足が腫《は》れて歩行に困ったが、まだ暗いうちに起き出して草鞋《わらじ》がけで横なぐりの雪の中を歩き出した時には、もう姉に何十年も逢わなかったような気がして、やたらに心が弾んでいた。

一緒にいる時には、懐しさなどというものは感じたことのない姉だ。生れた家にいた時は、食事も別仕立だったので、時おり祖父と牛肉鍋など突っつくと、

「――おい、シゲ、口を開いてみろ」

私はわざわざ階下《した》へ降りていってからかったものだ。

「――何かくれるのか、口を開けば」

正直に眼をとじて口をひらく八ツ年上の姉の顔へ、ハーッと息を吹きかけて、

「――これが牛肉の匂いだゾ。忘れんな」

そんなことを言って追っかけられた間柄だ。それがこんなに懐しいというのは、これもお互いに貧乏してみてわかった味であろうか？

とにかく姉は模範工女になって、一年分の働きを持って帰る。その働きを父は泣き、母はさりげなく歯を喰《く》いしばって待っている。それを知っているだけに、二十キロあまりの往路は少しも退屈しなかった。

同行者もたしか三、四人はあった。それがみな、娘も待っているが金も待っている。会話の端々でそれがわかり、いっそう姉がいじらしかった。

そう言えば、この姉ももう上の二人の姉が結婚した年になっている。上の満津野《まつの》もわかも、どちらも数え年十七歳で縁づいている。

父もそれが気になると見えて、

「――もう、あれも嫁にやらねばのう」

と何度も言った。恐らく何ほどかの金が入るということで、もう一年などという未練を出すまいとする自戒の愚痴だったに違いない。

小千谷へ着いたのは午後二時ごろだった。時々道が吹き千切られているので意外に時間がかかり、私は先に着いて、ションボリと雪の中で待っている一年前の姉の姿を瞼《まぶた》にうかべながら、マッチ箱のような駅に走りこんでみると、軽便はまだ着いていなかった。

この方も吹雪《ふぶき》で遅れていたのだ。こうなると、帰りが大変なことになる。どれだけ遅れたのだろうか？　とにかくあたりが暗くなりかけていたのだから、四時に近かったのであろう。ようやく雪まみれの小さな汽車が喘《あえ》ぎながら入って来た。

汽車は私にとっても、この時はじめて見るもので、昂奮はその方へ移ってよいはずであったが、その記憶はほとんどない。

積雪の谷間に入って来た軽便が小さすぎたゆえもあろうが、その小さな箱から雪崩《なだ》れ出て来る娘たちの姿の方に関心がかたより過ぎていた。

あたりはパッと一度に明るくなった。どこで乗りこんだのかわからなかったが、信州、上州から埼玉県へかけて出稼ぎしていた工女たちの、これは一年一度の帰郷列車になっていたのだ。

そこ、ここで、懐しさにあふれた黄色い声がからみ合った。

当時の風俗が、そんなに派手なはずはない。しかし、手に手に角巻《かくまき》や、コートやらを抱えて、小さな箱からあふれ出て来た娘たちの色彩は、どんよりとした冬の空の陰気さを吹き払い、私の眼を奪うに充分だった。

私は夢中で姉の姿を探した。そして、手に紅白の風ぐるまと、一本のラケットをかざしたひさし髪の姉の姿を見つけて、出迎え人の合羽《かっぱ》の間をくぐり抜けた。

私は体ごと姉にぶつけていったような気がする。

「ホラ、やっぱり大人になっていらぁ！」

それほど私の心は弾んでいた。

何よりも、姉は素晴らしい長身の、上品で端麗な娘に見えた。次々にあふれ出て来るどの娘よりも美人に見えた。

しかし、姉の視線は私の上を素通りして、私よりもはるかに遅れて近づく父の上に溶けている。

「まあこんなに遠くまで……」

と姉は言った。

「ありがとう、お父さん！」

「おお、大きくなったな。見違えそうだったぞ」

私は下からはげしく姉の体を揺さぶった。

「コラ、何がオトウサンだ……オラにも挨拶しねえか、コラ」

それではじめて姉の視線は私の上に落ちて来た。姉はかすかに「あ――」と言った。

「お前も来てくれたン!?　そうだ、そうだお前も」

それから、一眼で私への土産とわかるラケットと私を見くらべた。

「なあーンだ。お前は、あんまり大きくなれないんだなあ」

びっくりしたように嘆息して、それからあわてて言い足した。

「あんまり智恵があり過ぎるから、大きくなれないのかも知れないの」

そう言えば私は東京へ出て来る頃まで、ある期間発育がとまってしまったような時期があった。

急変した生活ぶりに、体の方が面喰ってついて来られなかったのかも知れない。

それにしても、私の眼に姉がいちばんすんなりと大きな美人に映ったのはこの時で、私は、下駄を草鞋に変えた姉のあとから五里の道を歩きながら、

（——番茶も出花の年齢《とし》ごろか……）

ひどくみち足りた感慨にふけったのを覚えている。むろん姉の失望や切なさもよくわかった。姉もまた両親のもとを離れた一年あまりを、三年にも五年にも感じ、その間に私がすっかり大人になっているものと錯覚していたのに違いない。

「——バカだなあ」

私は何度も、女にしては大柄な姉のうしろ姿を見上げながら呟《つぶや》いた。

（——妹はいまだに風ぐるまを喜ぶ赤ン坊と思っているくせに、おれだけは、ラケットを振り回す若い衆になっていると思っていやがる……）

帰路は人数がぐんと殖《ふ》えたせいもあったが、雪もやんでいたような気がする。私はつるつる

滑る踏み固められた雪路を、たいした疲れも意識せずに、午後十一時すぎにわが家に着いた。

民俗行事と幻灯会

姉がその時、働いて来た賃金がいくらであったか？　とにかく母はきちょうめんにこれを一《いっ》升桝《しょうます》におさめて神棚に供《そな》え、灯明《とうみょう》をあげてから姉の前に座り直した。

「ご苦労だったの。ありがとう。いい娘になった……お前も嫁入りさせねばならない年になった……だどもなあ、あと取りの庄蔵は、まだこれだ。済まないが、もう一年だけ頼むぞ」

その時、姉は明るい顔で、十七や十八で結婚させることなど考えなくてもよいのだと、しきりに母に言っていた。私は自分の体の小さいのをひどく恥じた。両親も他の姉もみんな大きいのに、男の私だけが小さいというのは、どういうことになっているのかと不思議な気がした。不思議な気がしたと言えば、この頃から身辺の農村が、いわゆる製糸工女の刈り田になっているのに、ホロ苦い責任を感じ出すようにもなった。

この地方に「――製糸」という事業を起こし、それを貧しい生活と結びつけていった元祖は、私から五代前の庄蔵だった。

そのせいで養蚕製糸は、規模の大小を問わずこの山間に普及した。どの部落のどの家の娘も、養蚕や、製糸をまるきり知らない者はない。

わが家ではすでに製糸から手を引いていたが、その代りに町には、何百人と使う「――大《だい》弥《や》」とその一族の工場が残り、村では寅吉翁が、その事業をささやかながら継承して来ている。

ところが時代はいつの間にか移って、それらの貧しいがゆえの負担が、おびただしい農家の娘たちを親から遠く、ひき離しているという奇妙な哀しい現実に変って来ている。

（私の祖先は、果たしてよいことをしたのであろうか？　それとも悪いことを……？）

時々、ふっとそれを思って、考え込むようになった。おそらく正月をわが家で過した姉が、ふたたびわが家からいなくなったせいであろう。

それにしても、その当時の姉や、姉と同じ境遇の娘たちは決してその後の「――女工哀史《じよこうあいし》」の中に現れて来るような犠牲者じみた暗さは持っていなかった。各自が、新しくわが家の経済を背負って立っているという自信をもち、むしろ浮々《うきうき》としているかにさえ見えた。

しかし、わが家の空気は、何としても、そうはいかない。すでに姉二人が十七歳でかたづいている。

その婚期に達しているというのが、父の胸にも、母の胸にも、そして私の胸にもかげを落していた。

こうして、やがて春になった。

相変らず、私はひどく忙しかった。商売にも首を出さねばならないし、学校の悪童ぶりでも、ヒケは取れない。それにその年あたりから、正月以来の眼まぐるしい子どもたちの行事に、すべて采配を振らねばならなくなっていた。

いや、誰が振れというのでもない。これはきわめて自然に「——子供の仕事」と決められている民俗行事で、小正月の、鳥追いから始まる。鳥追いのだいろう様という雪の台作りからかま倉と言われる雪の家。その翌日の左義長《さぎちょう》のどんど焼き。それを過ぎると、百八灯《ひゃくはっとう》という雪上に灯明をひろく並べて、祖霊を慰める彼岸の行事があったり、十二山神《じゅうにやまのかみ》の祭りの、手作りの弓矢で悪魔を追う行事があったりする。

　これらの行事はすべて子供たちが、入り用の物資を大人に乞うて、自分たちだけの手でなし遂げる。

　この民俗行事を成しとげてゆく間に、じつはひとりでに、部落内の世話役とか、若い衆頭とか、後には団長、区長、村長とか言うものまで、衆人環視の中できわめて自然に決まってゆくのだから、なかなかもって面白い意味を持っていた。

　私はそうした行事の間に、この冬二つ、みんなを楽しませる私的行事を加えていった。一つは自分の手で幻灯を作りあげ、あちこちのさし絵を写しておいて「——幻灯会《げんとうえ》」をわが家で開くことであった。そしてもう一つは、例の朗読の延長会である。

　父は苦々しげな顔はしたが、私は一向構わなかった。私自身の面白かったものを、みんなにわかるような注釈をほどこして、読んでやる。

　どちらもひどく人気があった。そのせいで近所の悪童たちの悪戯《いたずら》の相談相手はすべて私で、言うなればジャリの統領格。あのまま郷里に住んでいたら、やがて村長か町長ぐらいは断わり切れなくなっていただろう。

さてそうした私が、五年生の一学期もそろそろ終りに近づいた仕付け季《どき》に、この時もかけ足で学校から戻って、鞄《かばん》を家の中に抛《ほう》りこんだ時に、母が妙にやさしい猫なで声で、

「庄蔵、ご挨拶しないかい。三明塚《さんみようづか》のおばさまですよ」

と声をかけた。私は飛び出しそこねてふり返った。と、雑然と雑貨を並べた店の奥に、上品な奥様然とした紋付き姿の婦人と、その娘らしい紫地の派手な被布《ひふ》をつけた七つぐらいの女の子と、その弟らしい絹がすりの羽織を着せられた四ツ五ツの男の子が並んでいた。

（ははあ、これが、父の末の妹か……）

それまでにも写真では見たことがあったが、はじめてみる叔母であった。

というよりも、これが私の上に持ちあがった二度目の縁談であったと言った方がよいであろう。

梅干しとえくぼ

背中のミイちゃん

この叔母の話は、父からよく聞かされていた。

叔母は、私の母より一つ年下の十三歳で、梅田家から三明塚《さんみようづか》（現・堀之《ほりの》内町《うちまち》）の角屋《すみや》家へ嫁《とつ》いだのだそうな。

角屋家はいわゆる豪家で、代々医者であった。父と共に県道を通る時、

「――あれが、三明塚の家だ」

父が指さしてくれた右側の農地の向うに、この地方には珍しいこんもりとした森を囲んで、長い白壁の塀が続いていた。県道から五、六百メートル離れていたのだろうか？　しかし、父はそこへ立ち寄ろうとしたことはなかった。

自分が梅田の実兄からまで義絶を言いわたされていたので、妹の婚家先へ顔を出すのを恥じたのであろう。

ただし懐しそうに、その妹の嫁いだ家の話だけはよくしていた。何しろ数え年の十三歳では、いかに早婚の当時の風習からとは言え、娘としてまだ成熟しているはずはない。この花嫁は、結婚後に東京で医学校へ入った花婿の叔父とともに、手まりをついたり、川魚をすくったりして、まことに無邪気に遊んでいたと話していた。

結婚が早かったので長女も早く生れ、それは、だいたい私の長姉の満津野《まつの》と同年ぐらいで、これは当時東京堂《とうきようどう》にあった大野《おおの》孫平《まごへい》氏のところへ嫁いで、すでに数児をあげていた。

次女は、同じ小《こ》出町《いでまち》の柳瀬《やながせ》家へ嫁いで来ていた。柳瀬家は大弥《だいや》同様、相当大きく製糸業をやっていたので、このあたりでも山内《やまのうち》家と梅田家の血筋は入り交ることになっていた。

長男は当時、新潟市へ移って医院を開くとか、開いたとかいう話であったから、すでに医大での勉強は終っていたのに違いない。

私は突然あらわれた被布《ひふ》の少女と、絹がすりの幼童をつれて、叔母と共に梅田家へ泊りに行くことになった。

末の男の子がまだ幼いので、背負っていってやれ、というのが母の言葉で、父は始終黙っていた。自分が義絶されている生家へ平気で出かけてゆく私なので、何とも口の挟みようがなかったのであろう。

私は気軽に叔母の末ッ子をおぶって、四人でわが家を出て梅田家へ向かった。

私だけが草鞋《わらじ》がけで、都会風の一行の中では、何となくお供の感じだ、と思ったのを覚えている。

「叔母さんを見ていると、ふかし立ての饅頭《まんじゆう》を思い出すのし」

一行が蟹沢《かにさわ》の川原へかかった時、私はお愛想のつもりで叔母に言った。天気は素晴らしく、行く手には八海《はっかい》、銀山《ぎんざん》、駒ヶ岳《こまがだけ》の連峰が、くっきりと蒼空《あおぞら》に浮きあがり、山頂にはまだ雪が少し残ってみえた。

「女の人を、喰《く》い物にたとえるものじゃない」

と、叔母は言った。

「せめて、花にでもたとえるものだよ。でも、この芍薬《しやくやく》はすこしばかり肥りすぎたからね」

「ウウン。そうでもない。丸味があって柔《やっこ》そうだから……柔そうに見えるのは働かない証拠だども」

叔母はまた、いかにも美味《おい》しそうな声をたてて笑った。

「じゃ、このミイ子は何に見えるや？」

叔母はそう言ってから、

「お前は学校の成績はいいども、いたずらも大したものだってね」

「誰が言ったい？」

「成田のおじさんが、お前が来て大きな眼を光らしてわるさをすると、誠（同じ年の従兄弟《いとこ》）が小さくなるって……でも、ミイ子とは仲よくしてくれや」

叔母は、手をひいていた被布の少女をかえりみた。

その時にはまだ私は何も感じていなかったので、

「そう言えばミイちゃも柔そうだ」

と批評した。

「人間働かねばみんなやっこくて、色が白くて、美人になるて」

「ミイの、ほんとの名前は、御幸《みゆき》というんだよ。でもみんなミイ、ミイと呼んで可愛がるものだから、すっかり我儘《わがまま》になってての」

そう言った時に、そのわがままと言われた少女の方が、身をくねらせてベソを掻《か》いた。

川原続きの石ころ道にポックリの足を強《したた》かぶっつけてよろめいたのだ。

春風のような叔母

もう道は蟹沢をぬけて、足もと近くに魚野川《うおのがわ》の清流の音をききながら、伊勢島《いせじま》の部落へ入りかけていた。

とたんに背中の絹がすりが堤防の上を歩きたいと言い出した。あまり大きくない私の背中は、長く背負われては窮屈だったからに違いない。

「よし、そんならここで交替してやる。一方はおりたくて、一方は足が痛いんだろ。要求するところにしたがえば文句はないいて」

叔母が恐縮したように何か言った。しかし、絹がすりの弟がおりた私の背中へ、少女の方は遠慮なくおぶさって来た。

そして私がひと揺りして歩きだした途端に叔母は、聞き捨てならないことを口にした。

「おやおや、はじめっからミイ子はお婿《むこ》さんにおぶって貰うのかい。でも、嫁にゆけばそうはさせないからね。これからみっちり躾《しつ》けておきますから……」

「叔母さん、いま、何ってたがだい？」

私に訊《き》き返されて、声も人柄も丸っこいこの叔母は、はじめてハッとしたようだった。

「あ……あの、ミイ子は、お前のところの嫁に決めたのですよ」

「え……？」

「それがいちばんよいと、みんなで相談しての、成田さまも、お前の父《とと》もお母《かか》も、私がそうしてくれと頼んだからだけど……みんな、それが一番いいと賛成してくれての」

「だば……これが、おれの……？」

私はあわてて背中の従妹《いとこ》をゆすりあげて、思わずプーッと噴き出しそうになっていた。被布の従妹は、どうやら私の背をあてにしてむずかっていたらしく、途中で摘んだ河原撫子《かわらなでしこ》の花束を持ったまま、もう簡単に眠りかけていた。

「へえ！　そういうことになったがだかい」

まことにこれは驚くべきことであった。むろん、こんな少女に何の意志があろうはずもなく、私にしても、まだそんなことは一言も聞いていない。しかし叔母が、もう決めたというのだから、その言葉に嘘があろうはずはなかった。

（なるほど、この叔母さんも、だいぶおれのオヤジに似ているぞ……）

自分が善意と信じてやることは、すべて正しいことという甘さがある。わが家はいま生活と闘うことで四苦八苦しているのに、まるきり生活の違う御幸がやって来て、田圃《たんぼ》で働いたり、養蚕したりできると思っているのだろうか……

「なあ、お前も、そう決めたのだから頼みますよ」

「叔母さん……でも……」

私が言いかけても叔母は、悠々《ゆうゆう》と自分の話をすすめた。

「お前と成田の誠は、同じ年だから、成田でも欲しいと……」

「誰が言ったい?」

「ううん、言い出されないうちに、私の方から、庄蔵に貰ってもらうからと言ったんだよ。そしたら叔父さんも、喜んで賛成してくれてね」

「叔母さんも、少し変ってる」

「そうだろか」

「だって、オレのこと、何も知らんくせに」

するとこの叔母は、溶けるような笑顔を見せて首を振った。笑うと私と全く同じところに剔《えぐ》ったようなえくぼができた。血筋のえくぼだ。

「みんな知っているよ。梅田のお祖母《ばば》が亡くなったとき、お前はお葬式に来ていたろ。その時抱いてやったじゃないか」

「でも……その時、おれは」

「そうだ。誕生すぎたばかりだったね。あんまり肥っていなかったよ。眼と耳だけがこんなに大きくて」

そしてまた、いかにも楽しそうに笑った。

母は一人っ子だし、父の兄弟も、他はみんな男であった。叔母と言えば、この人よりほかにない。そうだ、これが、オレのたった一人の叔母であった……その感慨が、なぜか私の口を封じた。

私に満一歳の頃の記憶があろうはずもなければ、いかにこの叔母に、先見の明があったとしても、赤ン坊の私を娘の婿にと考えるはずもない。いや、それどころか、その時まだ背中のお姫《ひい》さまは生れてもいないのだ。何とも彼《か》とも言いようのないのどかさと言うよりなかった。

(そうだ……この人からも、あの家中いっぱいに溢れていった梅の実の匂いがするぞ)

まあいいわ! と、私は思った。

私はいまでも、この叔母のことを想い出すたびに、刻みこまれたようなえくぼと、梅の実の香気を連想する。無計算で大どかで、悪意や、せせこましさは微塵《みじん》もない。ゆっくりと野面《のづら》をわたってくる春風のような叔母であった。

むろんこの許婚《いいなずけ》は、それからの私の生涯に、かなり大きな影響を与えずにはおかなかった。あるいは私が、誰の言うことも聞かずに、一人で故郷を出ることになった原因の一つは、ここにあったのかも知れない。

婚約えくぼ

梅田家に着くと、叔母はすぐさまこの事を長兄の亀太郎伯父に伝えたらしい。伯父がその時どんなことを言ったかそれは知らない。とにかくこの一行は、梅田家にとっても珍客なので、朝重夫妻はむろんのこと、貞夫、貞次の兄弟も、まだ家にあった翁の末娘たちも大歓迎であった。

「おい、みんなここに来て並んでみろ。そしてみんなで、一、二の三で笑ってみろ」

私は、被布も紺がすりも、貞夫も貞次も、そして亀太郎翁の末娘もみんな並べて笑わせてみたのを覚えている。

みんなは、何のために笑わなければならないのか解らなかったらしいが、とにかく笑った。

「よろしい。これでわかった」

と、私は言った。

じつはみんなに、笑うと叔母や私と同じような「——えくぼ」があるかどうかを試してみたかったのだ。

よろしい、と言ったのは、みんなにその痕跡があり、一族に間違いない、それが解った……という意味であった。

そう言えば、このえくぼは他系のそれとはちょっと変って、いかにも親愛を感じさせるえくぼで、私の姉妹にもみんなあった。いや、たくさんの甥《おい》や姪《めい》たちも、半分以上はこれを持って生れて来ている。

わが家では、吉田へ嫁いだ二番目のわかいと私がいちばんくっきりと似たえくぼを持っていたが、これを私は喧嘩の際に悪用したことも白状しておかねばなるまい。

喧嘩の途中でニッコリする。よくない手だが、これは利いた。ニッコリしておいて、ガチッと一発喰わせると、そう外れるものではない。

「――おい、庄蔵が笑ったぞ。気をつけろ」

そうなるまでの短い寿命であったが、御幸の場合は、これが妙に納得のたねになった。

私は御幸を見るたびに、それがどんな美人だったかというような、男っぽい眼で見た覚えは全くない。

これも同じ血筋の顔だという、安心感のような、切り離せない宿命感のようなものが先に働き、

(そんなら、それでよいではないか……)

と、平素《ふだん》の理屈っぽさを引っこめてしまったような気がする。

むろん二人は結ばれずに終った。何よりもその後の私に、優生学とか、遺伝とかいう知識がまつわりついたのと、もう一つ奇妙な意地がからんだのが原因で、私はこの春風叔母を、一時は悲しませてしまうことになったのだが、それは十九歳になってからのことだ……

とにかくその当座は、私の周囲では、みなこの婚約を喜んだ。

いちばん昂奮して喜んだのは長姉の満津野で、

「――そうか。そうなると思っていたて。お前は、旦那サマになるように生れているて」

この場合の旦那サマは、長者とか豪農の当主とかいう意味で、最大級の祝い言葉だ。

(旦那サマが、何を喰って生きるというンだ。ベラ棒め！)

この長姉と義兄を、一人前の百姓から転落させまいとして、私が小さな胸を痛めているのがわからないのか……

成田の叔父もまた手放しで喜んだ。

「うちの誠にという話もあったが荷が重い。お前ならばいい。充分自重してやるんだな。何しろ大野さんと兄弟になることだし」

これもやっぱり梅の実だわい――と、私は思った。どうやら父の家系にはえくぼと梅の香りがつきものらしい。

そのうち、妹の美代が運動会で、堀之内小学校へ行って御幸にあって来たという話も出た。御幸が、妹の姿を見つけるとそばへ飛んで来て、私はあなたより年下だけど、いまにあなたのお姉さんになるのだから、よろしく……そう言って愛くるしかったと告げて来た。

父が喜んでいるのは言うまでもなく、母もまんざらではなさそうで、時々、叔母一家の話をした。

しかし、そうした空気が、何か眼に見えない重みになってゆくだけで、その婚約の中に何があったか考えられるようになったのは、東京へ出て来て世間を見て、ずっと後のことであった。

叔母の視線が私の上に注がれるようになった直接の原因は、やはり、父と伯父との義絶にあったのに違いない。この二人の間をまるく納め得る者は、叔母よりほかになかったのだ。そこで叔母は……と、考えられるようになった時、私も姿勢を正してみねばならなかった。

いや、このことにたどり着く、当然の順序として私は、上京を考えるようになっていたのに違いない。

とにかく父の子が祖父の子にされてしまっている。したがって法律上の生家の相続人は私である。

が、その私が父について生家を出てしまった。そして祖父と義兄がわが家に残っているのだから、このままの姿で、すべてが円満に片づくように考えなければ、私の責任は果たせない。

(なあに、次男に生れて、長男の責任を負ったと思えばそれでいい)

私はいささか両親の執念については簡単に考えすぎていた。

長姉と次姉の問題は結婚で片づいている。姉一人と、自分と妹だけではないか？ そう思っている時に、また一人、妹タカが産れて来た。

大したことはない。五人でも七人でも、束になって来るがいい。わが家の庭の燕だって、七羽や八羽の仔は育てている。それにしても、

(梅干しばかりは、しゃぶらせておけないからな……)

私は時々、二階の縁側に、ずらりと並んだ梅干しがめを連想しては考えこむようになった。生活というものに眼ざめだした証拠であろう。

そう言えば、来る日も来る日も、膳の上には意地わるく梅干しが顔を出した。幸いこの梅干

しは、家いっぱいに溢れたあの馥郁《ふくいく》とした香気の記憶を伴ってはいるものの、それが三度三度では何としても酸《す》っぱすぎた。

牝馬の謙信

餓鬼大将と女子部隊

私はもうこのあたりで、再び、故郷を飛び出して、最初に乗り込んだ夜行列車に戻らなければならないのだが、それが、もう少々ばかり、郷里の知友に呼びとめられて、立ち話を続けなければならなくなった。

というのは、今年（昭和四十八年）五十三年目に、町にできていたライオンズクラブの創立十周年の記念講演に来いと言われて帰省したことからだ。

会のあとで、六十六歳の私を囲んで知友たちは、同級生が主婦という料亭で、盛大な懇親会をやってくれた。

私も今は故郷に小宅を持っているので、同伴したわが家の賢夫人が、そこを出るとき私に言った。

「――いい年をして、あまり調子に乗るんじゃありませんよ。さ、ポケットに孫たちの写真を入れておきますからね」

乱酔したら孫たちの写真を見よ、さすれば脱線も小さくなろうという賢夫人の計らいだった。

「わかっとる。わかっとる」

私はポケットを叩いてみせて出かけたのだが、出かけてみるとそうはゆかない。世代はだいぶ若返って、半数近くは知友、悪友の倅《せがれ》たちであったが、その倅たちに、私の少年の頃の悪童ぶりがかなり誇大に伝わりすぎていた。そこでひとまず立ちどまって、釈明しようとしてみると、僅々《きんきん》十三年しか育たなかった故郷は、まだまだ無数の記憶を私の心身に刻み込んでいるのにびっくりした。

その中で何よりも私をおどろかせたのは、私には、私が好感を抱いていた少女を、拳固《げんこ》で撫《な》でる癖があったということだった。

撲《なぐ》るのでもない、小突くのでもない。しかし小さな拳を固め、唇をゆがめてコツンとやる。するとツーンとその痛みが胸にとおったというのだ。

「――私の母もやられたそうだ」

「――うちの母も」

そう言われると、私たるもの、そのままには捨ておけない。

「――昔はな、愛情の表現方法に乏しかったのだよ」

そう言えば、私はそれで何度先生に立たされたかわからない。これは今から十年ほど前の話であったが、私が忘れられずにいる佐梨《さなし》小学校時代の林朋一郎という校長先生から手紙を貰ったことがある。

「——近ごろ文名高き山岡荘八先生は、旧名山内庄蔵《やまのうちしょうぞう》であるということを私は列車の中で教え子に承ったが、それはまことであろうか？　まことならば先生は、佐梨小学校の私の名による卒業証書をお持ちのはずであるが……」

そのあたりまではよかったのだが、それからは先生もいささか脱線口調になって、

「——その山内庄蔵なる教え子は、成績はすこぶる優秀であったが、まことに悪い子であった……」

と書いてあった。

この手紙を見て、わが家の賢夫人は、

「——どうです。わかりましたか」

この悪い子のくだりを叩くようにして私を睨《にら》んだものだが、それ以来は、亡くなられるまで、何度か東京のわが家へも来られ、私たちも歓待し、文通も続いたのだが、その先生さえわが家の賢夫人の前では口に出しかねていた悪童ぶりが二、三曝露《ばくろ》されていった。

言われてみると思いあたる節はある。あるいは私は異性に対していささか加虐者的なところがあったのかも知れない。とにかく、餓鬼大将で男生徒たちを引きつれて隣り村へ攻め込むおりなど、必ず女生徒の別動隊を編成して同伴したということだった。

これは主として食糧の補給を命じられたものらしい。秋などどこの山へ行っても栗もあれば柿の実もある。そこで何人かの女生徒は、つねに、私に前もって命令されていたという……

「——爪をあまり短かく切ンな」

「——柿の皮を剝《む》けるナイフを忘れンな」

これらの女生徒たちは大した人数ではなかったようだ。そのはずである。気に入らない女生徒にそんな命令は出すはずがない。

そして、四年生ごろからさかんに戦《いくさ》ごっこをしたものだが、出撃する時は六年生までが、易《い》々《い》として私の指揮に従ったので、わが軍はつねにあちらこちらの部落の中まで敵を追いつめ、彼らがバラバラになって各自の家へ遁《に》げこんだところで引き揚げることにしていた。

その帰途は、たいてい日昏《ひぐ》れであったが、戦勝部隊はそこで、女子部隊の待つ森か林の中へ意気揚々と立ち寄るのである。

するとその林の中では、女子部隊が生栗の皮を剝き、みずからの爪で丹念に渋を除《と》った栗の実を、笹の葉にのせて待ち受けている。

それを三つ四つつまんで、柿部隊の方へ移る。ここでは持参のナイフで、皮を剝かれた柿の実が供された。たいていそれを一人が二つずつくらい、順次に配給されて、それから隊列を整え直して、部落へ帰還するのが例になっていた。

そうした時には栗の実を木から落す者、イガを剝く者までは戦争に不向きな男の子で、柿の方も、甘柿か渋柿かを確めてから無断拾得、森の中まで運ぶのは、これも女子部隊の任務ではなかったらしい。

つまり、落す者、運ぶ者、イガや皮を剝く者、渋を除る者、そして最後にこれを喰《く》う者……という順序の流れ作業で、これが一糸みだれず実行された。

「――その喰う係の第一番目は、いつでもお前サンだったて、ガンだんがのウ」

「――そうか、そりゃ少し不公平だったな」

「――でも、最後には、女の子にも喰わしてやったてがンだすけ、いいこと」

「――オラも一度、すっけに威張りくさって、生栗喰って見てえの」

「――ダメだダメだ。今はこっちもウーマン・リブで、嬶《かか》だって言うこときぎやしねえて」

「――どうして、すっけ、女の子まで言うことを聞いたかのウ」

「――そりゃお前、コツンが痛てえからだて」

「――きっと上杉謙信《うえすぎけんしん》気どりでやったてがンだろ」

そんな話の末にまた一つ飛んだことが曝露された。

「――上杉謙信てば、お前さん、学校の帰りにお寺の坂を降りる時に、いつも擬馬を組ませて、それに乗って下ったという話じゃないかてえ！」

この時には、私も少なからず狼狽《ろうばい》した。

「――バカな、いつもということがあるか。ほんの一、二度だ。そのため校長先生に見つかってな、二時間も立たされたぞ」

これは全く冷汗《ひやあせ》ものだった。どうした風の吹きまわしか、何となくお寺の大杉の前で、私は馬に乗りたくなった。

しかし、そんなところに馬はない。いつもならば早速、祖父の家に立ち寄って耕馬を曳き出して乗るところであったが、その日は、その時間もなかった。

たぶん、帰るとまたすぐ行商に出される日だったからであろう。そこで擬馬戦闘にならって、

「——馬を組め!」

と、やった。すると、一緒に帰りかけていた男の子たちが、すぐに三人で馬を組み、私はそれに乗ってみたが、どうも乗り心地がよくなかった。馬がいささか低すぎる。私は舌打ちして、それを降りると、一緒に帰りかけていた大柄の女の子を三人呼んだ。

「——仕方ない。今日は合戦《かっせん》ではないから牝馬《ひんば》でもよい。汝《んな》と汝と、汝、早く組め」

ああ、何ということを言ったものか。これで私が大地主の倅でもあったら、当時といえども大騒動になったところであろう。ところが、その三人はさすがにボーッと赤くなったが、言われるままに稚子輪《ちごわ》の髪を三つ揃えて擬馬を組んだ。

私はそれに打ちまたがり、

「——よしッ、オレ様の名馬だ。堂々と坂を降りろ」

そして言わずもがなのことをまた口走った。

「――フン、桃割れを三つ結わした馬というのも悪くないな。一度、田中（祖父）の馬にも結わしてみようか」

何と、これを校長先生の奥さんが、うしろから下校の生徒にまじって見ていたのだからたまらない。その翌日の放課後に早速、この謙信は教員室へ呼びつけられて立たされた。

「――お前は何を考えているのか、わしにもわからん」

と、林朋一郎校長は怒っているというよりは、匙《さじ》を投げたという顔で私を叱った。

「――とにかくそこで、何とかわかるまで考えてみろや、ええ？」

そう言って、私一人を残してさっさと帰った。たしか五年生の時だったと思うが、そんな話まで酒席で出ようとは思いも寄らず、その日は六十六翁、賢夫人のひそかに心配するような騒ぎも起こさず、かなり神妙な紳士のままで小宅に戻ったものだ……

由緒ある出郷

さて、そうして林校長に首を傾《かし》げさせた私が、それから三年目の十一月三日、いまの文化の日の夜行列車に乗り込んで上京したのだが、その時の一行は、じつは四人連れであった。

私には、その時にも一人の忠実な同伴者があり、あとの二人はわれわれを越後の山間まで迎えに来た雇主《やといぬし》と、その婿養子《むこようし》であった。

奉公に出るのだからといって、一人でなければならないわけはどこにもない。

私は、はじめから一人は連れてゆく方が、何かと便利であろうと考えて、尋常科の頃から同級生であり、仲よく町の高等科へ通っていた桜井三郎なる人物を連れ出そうと心に決めていた。

「おいサブ。お前は三男坊だろ。オレと一緒に東京へ来いや」

彼の家も立派な自作農ながら、三男坊にまでは教育の手は届くまいと、私の方で計算してやって話しかけたのだ。

「人間はな、早く手に職をつけて、自活する力を養っておかねばならんぞ。自活もできないような奴は世の中の厄介者《やっかいもの》だ」

「東京で、何をするがンでぇ?」

「まず最初はお前も印刷屋の小僧だ。しかし、それは出発点だからな。いずれはオレの大番頭《おおばんとう》にならンばならんこてや。オレはお前の信義と友情の厚い人柄が好きだすけ」

「フーン。だば、お前は、オレという家来を連れて小僧に入るつもりだな」

「ケライなんて言うなや、肝胆相照らした同志を伴って家郷を出《い》ずる。出発の日は由緒ある十一月三日だ。若井先生は二学期だけ済ませ、そうすれば卒業証書を貰ってやると言うからな。高等科の卒業証書ぐらいに恋々《れんれん》として、天与の機会を失うような怯懦《きょうだ》な人間ではないと言えや。なあに先生も、オレが一緒とわかれば閉口頓首だよ。お前ン家の両親には、オヤジに話させるから大丈夫だて」

「だば、はじめは、職人になるがンだけ」

「そうだ。仕事は活字を拾って活版を組む仕事と、でっけえ印刷機を動かす仕事の二つに分れている。お前の方は機械を動かしてえと言うんだな。オレの方は活字拾いをやりながら夜学に行く。何事も出発点が大事だゾ。十一月三日を忘れンな」

餓鬼友達というものは何とも懐しく頼母《たのも》しいもので、桜井三郎はただそれだけで、私の言うままに学校をやめ、私の言うままに出発日時も十一月三日と決めてスタートラインに立ってくれた。

十一月三日に雇主が東京からやって来るようになったのも、じつはほとんど私の意見を容れた雇主の日程のやりくりだった。

行く先は、神田中猿楽町《かんだなかさるがくちょう》十番地。忠誠堂印刷部とも言えば、雇主の姓を取って平賀印刷所とも言う。

主人の名は平賀久吉と言って五十余歳の滋賀県人だ。その婿養子が、じつは佐梨村《さなしむら》から一里あまり離れた伊米ヶ崎村《いめがさきむら》の岡新田《おかしんでん》の旧家で生れた清三郎という、そろそろ三十歳になろうという、金縁メガネの青年だった。

この清三郎なる人物は、じつは、遠い私の血縁続きであることが後になってわかった。何しろあの山奥に五百年間も住んでいたのだ。親類などはどこにもある。が、その時にはむろん知らない。

つまり、平賀久吉なる滋賀県人は、清三郎なる婿養子を岡新田から貰っていたので、私たちを迎えに来るついでに、婿の生家を訪れる。そのため、十一月一日の公休日を利用してやって来たという、まことに好都合の組み合せだ。

こうして私たちは、町の富士権現《ふじごんげん》という山の下まで両親に見送られ、そこから、姉のシゲを迎えに行ったことのある小千谷《おじや》の軽便《けいべん》鉄道の駅まで、サイドカー付きのオートバイを突っ走らせた。いま考えるとオートバイのサイドカーに、どうして運転手と共に五人も乗れたのかよくわからない。

それに道中の風景などもほとんど頭に残っていないのは、やはり、心が東京の地に飛んでいたせいであろう。十一月三日と言えばすでに紅葉も半ば以上は散りはてて、野面《のづら》をわたる風もかなり寒いはずであったが、その記憶も全然ない。ただ向山《むこうやま》まで見送りに来た父の姿が妙にシヨンボリしているので、そっと耳もとへ口を寄せて囁《ささや》いたのだけは覚えている。

「――そのうちオレが、自家用飛行機で迎えに来てやる。元気を出せ――」

すると、父は眼を白黒させて、それからチラッと白い歯を覗《のぞ》かせて笑った。これは私と父だけに通ずる極秘の会話だ。当時まだ自動車というのは近隣で、須原《すはら》の目黒さまと呼ばれる前国会議員の大地主が、一台持っているだけで、タクシーなどはどこにもなかった。

それなればこそ、われらもオートバイに乗せられたわけなのだが、私は、目黒家の自動車が向山へ爆音をひびかせてやって来るたびに、稲刈りを手伝いながら、父に言われたものだ。

「――オイ、見に行きたいのだろう」

「――うん。あんなもの」

「――ホラ、みんな、見に飛んでゆく。行きたければ行ってもいいぞ」

「――行きたくないて。あんなもの、オラの時代にはもう古い。オラの時代は飛行機だな。オラが迎えに来る時は、ブーンと東京からひとっ飛びだて」

「――このホラ吹きの、強情張りめ」

自動車をのぞんでの会話はいつもそれで終っていた。大正九年のことだから、言ってしまったあとで私はいつも感心したものだ。

「――なるほど、オラは相当なホラ吹きだな」

話だけは大きかったが、体の方は、私も大きくはなかったし、桜井三郎も、私より少し小肥りの程度で小ぢんまりしていた。

そう言えばこれも金縁メガネの老眼鏡をかけた平賀久吉老も小男の部類で、大きすぎるのは婿の清三郎だけであった。

こうしてとにかく、五人むりやり乗り込んだオートバイは、二十キロあまりの埃道を突っ走って小千谷へ着き、そこから軽便鉄道で来迎寺《らいこうじ》へ出て信越本線の夜行列車に乗りかえた。その時私が大男の平賀清三郎に最初に話しかけたのは、

「東京では、いつごろ、そっけな、金縁メガネが流行《はや》りだしたがンだい？」

という失礼な問いであったそうな。色の白い清三郎は忌々《いまいま》しげによくそれを言った。金縁メ

ガネというものは、色が白いとひどく気障《きざ》に眼立つものだ……

がっかり東京

鉄と電気と夢

私は、内心ではどんなに昂然としていても、よそ目にはポッと出の田舎者だったに違いなく、この田舎出の少年は、翌朝、九時ごろ、夜行列車が上野駅へすべりこむまでは、とにかく次々にわきあがる空想と遊んでいた。

「――サブ、しっかりしろや。オラが付いているすけ、淋しガンな」

時々ぼんやりと考えこむ桜井三郎の肩を叩いて、そのつど、私は私にも鞭《むち》をくれた。出発が奉公であろうと小僧であろうと、要は私自身の心構えにかかっている。私の胸に不退転の「――立志」が息づいてある限り、バラ色の未来が開けないはずはないと言いきかせた。

ふしぎなことに夜行列車に乗り込んでからは、私はほとんど両親のことは思い出さなかった。それほど明日からの生活の夢にあれこれ空想をぶっつけて行っていたからに違いない。

夜行列車の中でいまだに記憶に残っているのは、真夜中、列車が軽井沢駅の構内に着いて、蒸気機関車が電気で動くアプト式の機関車にとり替えられている時であった。

すでにウトウトと眠りかけていた私は、この時のあたりがすべて鉄柱と機械の別世界に一変しているのに気づいて胸の潰《つぶ》れる想いであった。蒸気機関のもつリズミカルな音響が、グワーッと大きく魂《たましい》を戦慄させる電動器の音に変っている。暗い窓外に稲妻そっくりのスパークの光りが走るたびに、変電所の複雑をきわめた塔と柱と無数のレールが、みなまっ黒な鉄の交錯に見え、それが私の胸を一度にキュッとしめつけた。

「――そうだ！　これからは、すべてが鉄と機械の世界になるのだ……」

それは、ふしぎな悔恨を伴う、一種の武者震いのようなものであった。

(私は、出発を誤ったのではなかろうか？)

印刷屋などは小さすぎる。なぜ大きな鉄工所へ入ろうとしなかったのか？

そしてこの電気機関車のような、巨大な鉄塊と取り組むべきではなかったのか？

やがてその機関車が闇を揺《ゆす》って動きだすと、それを動かしてゆく「――電気」というもののふしぎな力に圧倒されて、さらにその想いを二重にした。

(そうだ。鉄と電気……これがこれからの世界を支配するカナメになるぞ)

そっと鎌首をもたげてみると、私の新しい雇主父子も桜井三郎も眠っているようだ。

私はその時、読んだばかりの立志伝ものの中から二つの古歌を思いうかべて、心の動揺を押えつづけた。

誠《まこと》もてつき貫けば岩鉄《いわがね》も

砕くに難《かた》きことやなからん

そして、もう一つは例の山中鹿之助《やまなかしかのすけ》の歌であった。

憂《う》きことのなおこの上に積《つ》れかし

限りある身の力ためさん

出発は印刷屋であっても、小僧であっても差し支えないではないか。一片の印刷物が、万人を動かす場合もあれば、一人の発明家が時代を変える場合もある。エジソンが現に私たちを東京へ運んでいる。このくらいのことに愕《おどろ》いているような移り気で、いったい何ができよう。そうだ！　時には運命の手に身をゆだねて運命そのものをねじ伏せてゆくくらいの気力がなくてはいけないのだ……

こうして列車が碓氷《うすい》の山を越えだすと、私は再び拳を汗ばませたまま眠りに入った。

しかしその私も、いつの間にかまた機関車は蒸気に変って、シュシュポッポと上野駅にすべりこんでいった時には、すっかり憂鬱《ゆううつ》になってしまった。いや、憂鬱なのを通り越して、私は東京にはげしい怒りを覚えていた。

「おいサブ、おれは東京に一杯喰《く》ったゾ」

桜井三郎は、あわてて信玄袋《しんげんぶくろ》をかつぎ直して、私と共に改札口を出ながら心細そうに訊《き》き返した。

「主人は、あんまりいい人じゃなさそうだけ？」

「主人なんかの問題じゃねえ。あの絵ハガキめ」

「絵ハガキ……が、どうしたガンでえ？」

「あの絵ハガキめ、お天気の日に写しやがって。見ろ、この雨の東京。家は汚ねえし、道はみな泥んこだ。こんな汚ねえ東京とは……オレあ東京にだまされたゾ」

「フーン。でも怒んなや。雨や泥ぐらいで死んだ人はねえもせ」

「バカぬかすな。鉄と電気の世の中で、足駄《あしだ》を履《は》かなきゃ歩けねえ……フン、それが日本の首府だとよ」

「だって、田舎は、まだランプだもさ」

桜井三郎には、私の怒っている意味は、よく通じなかった。私が、絵ハガキを見て空想していた東京は、雨が降れば一度に泥んこに変るような、そんなチャチな東京ではなかった。まだコンクリートやペーブメントの舗装はない時代だったが、それにしても、泥濘《でいねい》ぐらいは石畳でも征服できないはずはない。

雨の日の上野駅は、私の空想とは打って変って、汚らしいじめじめとした薄暗さにみちていた。

改札口を出ると雇主父子は爪皮のついた高足駄をとり出して履きかえ、私と桜井三郎は、両親の買ってくれた新しい駒下駄を半ば泥濘に埋めながら市電に乗った。

三郎は丸い信玄袋、私は小さな竹行李《たけごうり》。それを抱えて市電に並んで腰をおろすと、三郎の下駄も私の下駄も、爪尖《つまさき》から泥をかぶっている。それが私たちの出発を呪っているような気がして堪《たま》らなく腹が立った。

雨はまだ小息《こや》みなく降っているし、高足駄に履きかえた雇主父子はわれわれの下駄の汚れまでは、気がつかない。

私は三郎の耳に口をよせて詫《わ》びていった。

「許せなあサブ。いまに、二人できれいな東京にしてやろうぜ。な……」

私は、いまだにこの日の怒りを忘れない。全く私は、東京に欺《だま》されたという想いをまぎらすのに苦心した。

忠誠堂印刷所

こうして青山行きの電車で神保町《じんぼうちょう》まで行き、ここで降りて、めざす中猿楽町の忠誠堂にたどりついた。

忠誠堂は、道路に面した工場と、工場に続いたもう一軒のしもた家を二軒つないでできていた。

工場の方は緑色のペンキで壁を塗った二階建てで、裏の一軒は昔のままの、これも三十坪ほどの二階建ての住宅だった。

恐らく以前は、いずれもしもた家だったのを、二軒合わせて工場と住居に使っていたのに違いない。

二軒のぶつかり合った狭い庭……というよりも露地と、空地が、紙の置き場になったり、ローラー用のニカワの炊き場になったりしていた。

これも私の想像よりはいささか窮屈な作りで、この家に入る時の私の気持は、昨日、故郷を発《た》つ時の、あの弾んだものとはかなり大きな隔りがあった。

こうして、十一月四日……着京第一日目の私は、この裏手の住居の一階、つまり私たち使用人の寝室になっている部屋で、とうとう癇癪玉《かんしやくだま》を爆発させることになった。

私は、自分をそれほど短気だと思ったことはない。

しかし、父の眼にはそうは映らなかったと見え、

「——お前に何も注意することはない。しかし、お前の最大の欠点は短気なことだ。これだけは慎しむように。カーッと怒りがこみあげたら、自分の年齢《とし》まで静かに数を数えてみよ。それだけだ」

父にそう言われて来ていたが、そんなことは、雨の東京への腹立ちで、すっかりどこかへケシ飛んでいた。

私は、主人や同僚に案内される前に、サッサと工場を見てまわった。

工場の階上《うえ》には、当時の五号活字と六号活字を主とした二つの文選場と組版場があったが、組版の職工はその時いなかった。久保サンと呼ばれる日本大学の夜学生が一人で、コツコツと

文選をやっていた。

下の印刷工場は平版の印刷機が三台据えてあり、その二台は菊全判、一台は四六判半截《はんさい》の機械であった。

この職工のうち、菊全判の二人の紙差しは、当時の素袷《すあわせ》に細おびをしめた、ベランメエ口調の職工で、これは外から通っていた。

そして、三台の紙取りが住み込みの、つまり私の同僚で先輩にあたる見習い工という構成だった。

住み込みは一番年長のが周サン、次が秀ドン、もう一人が周ドンの三人で、他に文選の久保サンなる人物も住み込んでいたわけだ。

この年長の周サンと、もう一人の周ドンとは兄弟だった。兄が周次、弟が周五郎。弟の周ドンの方が私より二つ年長で、秀ドンがさらに二つ、兄の周サンがそのまた二つ上で、すでに徴兵検査を済まして一人前になろうとしていた。

そういう工場に、数えでは私より一つ上の桜井三郎と、そして、最年少の私が加わったのだから、彼らの方では私たちをかなりやさしく扱ってやるつもりだったのに違いない。

ところが、私は相当つッけんどんだった。すべては雨と泥濘のためだったが、それゆえ、余計に、しょんぼりとしている親愛なるサブ君には責任を感じていた。

主人父子は、家へ着くと、その日から働きだした。

老主人は四六判半截の機械に、みずから紙差しとして付き、養子の清三郎は、紙を截《た》ったり、鉛版を削ったり、紙截《かみだ》ち鉋丁《ほうちょう》を研いだりの雑役《ぞうえき》だった。

喧嘩でお目見得

そして夕方六時に、その日だけは夜業を休んで仕事を仕舞い、住み込みの見習い工がみな、われわれの部屋に集まったところで、事件は起こった。

私はたぶんにサブを慰める気で、いちばん年齢差のすくない弟の周ドンに話しかけた。

「君は、だいぶ仕事が巧《うま》くなってるようだが、ここに来て何年になるか？」

私はつとめて標準語を使おうとして問いかけた。

むろんサブに聞かせて元気を出させるつもりだったのだ。

ところが、この二つ年上の先輩には、さっぱりこっちの神経は通じなかった。

「なんだと、仕事が巧くなった……」

彼は吐き捨てるように言って、

「生意気言うな。田舎者が」

「そうか。生意気と受け取れたか。それは私が、君に通ずるように田舎訛《なま》りを出すまいとして話した結果であろう。誤解はしないで欲しい。われわれは、特にここにいるサブは、これから君と同じ仕事をしながら、生涯の方向を決めようとしているのだ。だいたい何年ぐらい辛抱《しんぼう》すれば、一人前の職工になれるであろうか」

「知らねえよ」

「それはもっともである。人間にはそれぞれ個人差もあれば、器用、無器用の違いもあるから、正確にはわからない。しかし、平均的に、どのくらいの歳月を辛抱すれば一人前になれるか。その目当てはつくであろう」

「うるせえ田舎もンだな。奉公は徴兵検査までと決まったもんだ。それまでは黙って働けばいいのだ」

「それももっともである。しかし、何年ぐらい辛抱すれば一人前になれ、一人前になったあかつきにはどのくらいの収入があるか？　それは人間みな、等しく胸算用《むなざんよう》して働くものと思うが、君はそうした事を考えたことがないのか」

「ああ、考えたことはないよ。生意気な」

相手が鼻の尖《さき》で軽く言い放った時には、私はもはやこ奴を叩きのめさなければならない運命にあると直感した。

「そうか。なるほどオレは生意気である。しかし、オレの問いに答えられない汝《んな》は、まぎれもなく低能である。私は低能に対してこれ以上、問うても無駄なことを知っているゆえ質問は打ち切ることにする」

たぶんこの時、私の頰には、伝来のえくぼが刻まれていたと思う。

とたんに相手は拳を構えて膝を立てた。

後にこの事を秀ドンは私にこう言った。

「――何をボソボソ話しているかと思ってな、オレ引っくり返って雑誌を読んでいたのさ。するといきなり取っ組みあいで、気がついた時には、雨戸が一枚折れてな、まだしょぼしょぼ降っている庭先で、周ドンが血まみれになってお前に撲《なぐ》られているんだからびっくらしたぜ」

私の方は何も、相手を血まみれなどにする気はなかった。

ただ相手が私に撲りかかって来たので、私は得意の頭突きで応じた。

ただそれだけだったが、吹っ飛んだ彼の体が大きかったので、お尻で雨戸を打って、雨戸もろとも庭先へ転がり落ちていたというわけだった。

いや、頭突きを喰ったはずみに、彼の腕も私の襟《えり》を摑《つか》んでいたので、私はそのまま、雨戸と周ドンの体の上にのっかって庭先にあったということだ。

そうなれば、拳というものは本能的に動いてゆく。馬乗りになった私が、本能的に拳を振れば、これはかならず相手の鼻ッ柱にあたってゆく。

鼻血など、こっちは慣れ切っていた、が相手は珍しかったので、びっくりしたのだろう。

「助けてくれい!」という悲鳴になり、それが眼の色変えて駈けこんで来た養子の清三郎に、馬乗りになって鼻血をとばしている私の襟がみを摑ませるという結果になった。

「こらッ! 何をするんだ。呆《あき》れたものだ。親のもとを離れてしょんぼりとでもしていることか、着く早々に喧嘩《けんか》とは、いやはや何ということか……」

私は襟がみを摑まれると、それ以上に抵抗する気はみじんもない。

雨戸を折ったのが、いかにも惜しい気がして、引き立てられるままに細雨《こさめ》の中へ立っていった。

(畜生め！　東京という所は、ろくな所ではないて……)

しかし立ってみてびっくりした。

何ということ……私は部屋の入り口に背をむけて気づかなかったのだが、この時すでにこの部屋には全部の家人《かじん》が集まって、その眼はすべて私を睨《にら》んで立っていた。

老主人の金縁眼鏡はむろんのこと、想い出の多い親切なおかみさんの眼も、清三郎の妻で長女の若おかみさんの眼も、その妹のあぐちゃんの眼も、私と同年のやっちゃんという女学生の眼も、息をつめるようにして私を見ていた。

むろん奉公人も全部あつまり、おかみさんの先夫の娘の子で、この家にひき取られて育っていた七つの信坊の眼までが、雨の中の私を見つめて立っていた。

「叱らないで下さいよ清三郎さん。子供って、淋しいと怒りっぽくなるもんだから」

と、おかみさんが取りなした。

老金眼鏡は、険悪な表情で私を睨みつけたまま黙っていた。そのはずである。私はまだ知らなかったが、周サンと周ドンの兄弟は、じつはこの老主人の兄の愛息たちであったのだ……

周ドンは鼻血だらけの顔をゆがめて、若主婦に大きな体をひき立てられて洗面所へ入っていった。

私は何となく肩を張ってみた。むらむらと体中へ生気がよみ返り、

（負けてたまるかッ）

そんな気持の底で、不逞不逞《ふてぶて》しく笑おうとしてみたが、さすがにそれはできなかった。

（いいじゃないか。これでご家族、ご一同にいっぺんにお目見得《めみえ》が済んでしまった。矢でも鉄砲でも持って来い……）

私が足を拭《ふ》いて縁へあがると兄の周サンが低く唸《うな》って、

「フーン、こりや、うちにも相当のタマが現れたぜ」

大望の現実は……

午砲の周辺

到着した晩の喧嘩《けんか》というものは、決して気分のよいものではない。時々フッと「——短気が汝《んな》の欠点だ」そう言われた父の言葉が頭をかすめ、そのたびに良心が微かに疼《うず》いた。

私が相手の周ドン、つまり周五郎に再び声をかけたのは夕飯が済み、銭湯へ行って来て一時

間ほどしてからだった。同伴した桜井三郎があんまり悄然としているので、ここらで喧嘩は、怨みを残さぬように、和解の方向へ持ってゆくべきだと思ったのだ。

相手はまだプリプリしている。当然だった。自分より年少の田舎者に一撃喰《く》って助けを求めたのだから、そう簡単に反感や屈辱感の消えるはずはない。

「おい、さっきの喧嘩は忘れようて」

と、私は言った。

「お前も虫のいどころがよくなかったのだろう。オラもな、ちっとばか、短気すぎたように思うて」

すると彼は、少しばかり腫《は》れた唇をゆがめて、

「お前だと……お前というのはな、目下の者に言うことだぞ」

「そうか。じゃ何と言えばいいんだイ。越後じゃ、お前は、御前と書く。ご、ぜんさまから出た言葉だ。目下の者は汝《んな》という……」

「ンナ……？　東京じゃあんただ」

「そうか。あ、ん、た、もうその鼻の詰めものは除《と》っていいぜ。鼻血なんかは一分間もすれば止まるもんだからのう」

相手はバツわるそうにニヤリとした。私はホッとした。これで済んだと思ったからだ。そこで布団の中でしっかりと抱きついて来る三郎に言った。

「心配することあねえぞサブ。オラあれを憎んでいない。こっちで憎まなければ、向うも憎むもんじゃないて」

こうして、東京の第一夜は過ぎ、かなり激しい風当りの絶望が、私に向けて吹き寄せだしたのはその第一夜を送った朝からだった。

翌朝、大旦那と若旦那とおかみさんの並んだところで、私とサブは座り直して、若旦那なる清三郎からこう言い渡された。

「――向後、庄蔵は庄や、三郎はサブやと呼ぶ。東京と田舎では生活習慣も違えば言葉も違う。早く東京に馴れるよう。仕事は、庄やは二階の文選場で働くこと。サブやは階下の機械場で働くこと。朝はできるだけ早く起き、それぞれ割りあてられた場所の掃除と仕事を済ませて、六時三十分に朝食をとり、七時に工場へ入って始業を待つ。昼食は正午の午砲《ドン》が鳴ると機械を止めるからすぐわかる。昼食の休みは三十分。それから五時までを昼の部として働き、五時半夜食……」

じつはこのあたりで私はドキンとした。この五時に工場を出て、庄やなる私は夜学へ行くはずの約束だったからだ。

ところが清三郎は、そのあたりから一層きびしい顔になった。

「――この夕食の時には休みはない」

と言った。

「——各自交替で夜食をすませ、九時まで残業。それから銭湯へ行って来る。その後は自分の時間だ。ただし、十時から十時半までには寝《やす》むのだな。翌日のことがあるから……休日は一日と十五日。その日は、自分の洗濯など午前中に済ませて、午後は、東京見物をしてもよい」

「——あの……学校は？」

と、私は言いかけた。

「——学校は中途半端な時には入れてくれない。それよりまず仕事に慣れることだ」

清三郎は私の問いに押しかぶせるように言うし、その隣りでは大旦那の金縁眼鏡が、苦虫を嚙《か》みつぶしたような表情で私を睨《にら》んでいる。いや、それだけではない。気が付くとこの日はあゝぐちゃんと呼ばれた十九の娘も、やっちゃんという女学生も、信坊と共にしきりに食堂兼茶の間のこの部屋をのぞきに来る。

この関心が何であるかは、私にはほぼわかった。つまり、東京に着いたその晩から、主人の甥《おい》を血まみれにしてしまった乱暴者への関心からなのだ。

そこで私は、二度と訊《き》き返すことはしなかった。やはり気おくれがしたのだろう。

（そうだ。四月にならなければ、夜学も入学させないのかもしれない……）

無理に自分を納得させて、その日から、覚悟の小僧生活に入っていった。

震災前の東京下町

当時の東京は、大正十二年の大震災で、風景も人情もほとんど一変する以前の東京なので、今とはまるで別世界であった。

何よりも街が暗かった。どこの家にもまだ屋号か紋章の入った弓張《ゆみはり》が掲げてあり、道行く人も学生を除けば、ほとんど九分九厘までは、キモノであり、日本髪であり、印袢天《しるしばんてん》姿であった。神田《かんだ》の猿楽町《さるがくちょう》界隈にしても、神保町《じんぼうちょう》の盛り場までは、いくつも弓張や提灯《ちょうちん》をさげた人に出あったものだ。

銭湯の帰りに方向をとり違え、一ツ橋のいま如水会館《じょすいかいかん》のあるあたりへ迷いこみ、まっ暗で、ひどく困ったことを覚えている。

その代り、どこかに火事があるとすぐに夜空が赤くなった。そして火の番が太鼓を打ち鳴らしながら、

「——火事は、日本橋蛎殻町《にほんばしかきがらちょう》……」

などと、独得の声をひびかせて触れ歩く。そしてその現場の近くに得意先があると、早速起き出して提灯を点《つ》け、清三郎の先に立って火事見舞いだ。どんどん駈けてゆくので腹がペコペコになってゆく。その代り着くとかならず炊き出しの握り飯が用意されて待っていた。

(東京とはまた、何と火事の多いところか……)

当時の全市の人口は、せいぜい二百万あるかなしかだったが、ほとんど毎夜のようにこの太鼓の音を聞いたような気がする。

火事の次に記憶にあるのは、当時もやはり夜になると騒ぎだす学生たちの動きであった。むろんまだ学校騒動などというものはない。社会主義者と呼ばれる一群のあとに、血の気の多い学生群が加わり、それが弥次馬と一緒になって辻演説のあとで、決まって巡査と衝突した。

じつは、この方が若い者には魅力があった。しかし、一日十四、五時間の労働で、銭湯に入って来ると、十一時に近くなる生活では、弥次馬になる時間もなかった。

これは後《のち》に清三郎に聞かされたのだが、

「――あんたを学校へやれなかったのも、じつはあんたが、社会主義者になりはしまいかとお父さんが怖れましてね」

私はそれを清三郎の言いわけとばかりは聞けなかった。

それほど当時も、一つの動揺期であったと言える。

当時の印刷物はそのほとんどが教科書で、その間に忠誠堂の伊藤痴遊《いとうちゆう》の「西郷南洲《さいごうなんしゅう》」なども刷った覚えがある。とにかくやたらに印刷所の忙しく繁昌した頃で、田舎の自由奔放な私の生活は、東京という未知の世界で、ガンジがらめになりかけた。

周ドンと庄や

朝はまっ暗なうちに起床した。そしてまず家の周囲を掃《は》き、それから三台の印刷機の数十本のローラーをガソリンで洗った。これはサブと二人の仕事であったが、これが二人の仕事になったために、秀やと、周やが格上げされる仕かけになっていた。

名称も同じことで、庄やとサブやができたので、秀やは秀ドンとなり、周やは周ドンになる。

そして二人は土間や路地の掃除やローラ洗いは免じられて、一足先に食卓につけるわけだ。

そのくらいの苦労は覚悟して来ているので、かくべつ驚きはしなかったが、しかし「——庄や」と家人《かじん》に呼ばれるたびに、私の自尊心はチクチク痛んだ。

そのまま自分が、この家の下男になり下りそうな気がして、不安になって来るのだ。

このことは、おかみさんには感じとられたらしく、

「——庄やは、学校がよくできるんだってね。そのうちあたしが頼んであげるよ」

そう言った後で、私に一枚の紙片を出して、

「——これが解けるかい」

と、謄写刷りの数学の試験問題集のようなものを見せた。私はこれを、

(——おかみさんの試験だな)

そう思ったので、台所の土間を掃く手を止めて、手帖の鉛筆でそれを解いてさし出した。

「——ほう、もうできたのかい」

おかみさんはそう言ったまま、その紙を帯にはさんで膳ごしらえにかかっていった。

どうやらそれは、女学校の三年生だった末娘、やっちゃんの宿題であったらしい。

「——庄やを旦那さんに借りたからね。時々お前に奥のご用をして貰いますよ」

奥のご用というのはたいていが買い物だった。買い物は戸外を歩けるというよりも、そのあとで家族とともに買って来た菓子でお茶を貰えるので、私は少なからずいい気になった。いい気になると油断が出る。

じつは、私と最初の喧嘩をやってのけた周五郎が、ひそかに復讐（?）の機会を狙っているはずだったのを忘れてしまった。

「――庄や、お前は要領がいいんだな。ちゃんと、おかみさんをまるめたもン」

「――そう言うことになるかね。オレは、二階の方が暇があるから、使われると思うんだけど」

「――お前、昨日やっちゃん達と一緒に、風月《ふうげつ》の唐《とう》まんじゅうを喰ったろう」

「――名前は知らないね。おかみさんが書いた紙をさし出して、菓子を買って来るだけだから」

「――それさ。オレたちは一日まっ黒になって働いたって、風月の菓子なんぞ口に入りゃしねえ。お前は運がいいんだな。学校はできたというし、運動なんかも素晴らしいんだってな」

このあたりに、彼の知的なカラクリがあったのだが、私は気がつかなかった。

「――そんなこと、誰が言った?」

「――サブやから聞いたよ。サブやはお前を尊敬しているゾ」

ここにもチラリと危いものが顔を出したが、まだ私は気がつかない。

こうして、東京で第一回目の休日、すなわち十一月十五日を迎えた。

「――おい庄や、オレがな、九段下《くだんした》の成田屋のお汁粉《しるこ》をおごってやるよ。午前中にちょっと行って喰《た》べて来ようよ」

「――え、周ドンがおごるのか?」

「――そうだよ。オレ、ほんとはお前が好きなんだ。ああ五銭だよ。五銭でもこんなに大けぇ鉢に入っている。東京中で一番安い名物だよ」

そう誘われては拒みきれない。こっちで気にしていた相手だけに、先を越された気がしてついて出た。

そして、じつは、帰って来た時には、私は左手の掌《てのひら》の厚皮を半分以上もペロリと剝《む》いて、歯噛みをしながら傷あとを舐《な》めていることになった。

全く謙信《けんしん》らしくもない油断であった。当時の市電は神保町から九段の坂下まで一気に突っ走った。

その中間の一番スピードの出たところで、私は相手の挑戦を受けてしまった。

何でもない。田舎者ではこの市電に飛び乗りはできまいと駈けだす姿勢で言われたのだ。言われると私は、相手も飛び乗るのだと思いこんで、素早くかけ出して乗ってみせた。

とたんに相手は立ちどまった。相手はそう言えば、私が蟇口《がまぐち》も持たずに飛び乗るであろうことを計算して、巧《たく》みに煽《おだ》てたのだとは手の厚皮を剝いたあとで気がついた。

飛び乗るには乗ったものの、この田舎出の餓鬼大将は、飛び降りのコツまでは知らなかった。

「――モシモシ、危いから中へ入って」

車掌に肩を叩かれるのと、銭を持っていないことと、性来の向う見ずが一つになって、私はパッと飛び降りた。

いや飛びおりたつもり、であったが、手の方がそう素早くは離れない。姿勢もはじめから滅茶滅茶だった。叩きつけられた蛙のように私は軌道を固めた敷き石の上へ這《は》いつくばって引きずられ、手の甲の内側へいっぱいに砂利《じゃり》をかませてしまっていた。

むろん彼の姿はもうなかった。

(これぁ、鼻血などとは比較にならぬ痛さだゾ)

私はまず、左手の掌へ喰いこんだ砂を舐めとり、あわてて掌へ厚皮を貼りつけた。

もうその時には、やられたとは思ったが、それにまだ後があるとは思っていなかった。

私が掌の傷をかくすようにして家に帰ると、彼の叔父なる金縁眼鏡が、

「――庄や、ちょっと来い」

凄まじい眼をして私を二階の自分の部屋へ呼びつけた。

その時の主人の顔は、私には赤鬼のように見えた。

「――お前は当分、外出を禁止する。お前のような乱暴者は、何を仕出かすかわからない。万一のことがあっては両親に済まないから、絶対に外へ出てはならぬ」

ああ、何ということであろうか……私はこの時すでに、同じ神田和泉町《かんだいずみちょう》に住んでいる祖父の末弟作蔵翁のところへ、十五日にはまず何をおいても第一番に挨拶に行くからと、ハガキを出してしまっているのだ。

それが着京した日の短気が原因で、すっかり狂ってしまっている。

一ヵ月に二日の休みで、みないそいそと外出してゆくのに、私一人はとり残された。

そして修繕された例の雨戸のそこだけ新しい白木の桟《さん》を横目で睨んで、私は掌の痛みをこらえた。

不思議なことに、もう周五郎を憎む気持は消えていた。

これが東京の復讐か、そう思うと、それも済んだのだから、これでよかろう……妙にちぐはぐの淋しさで、姉の送ってくれた中学講義録をとり出していた。

その日、三郎は深川《ふかがわ》にいる兄のもとを訪ねるのだと言って、息を弾ませて出ていった。

髯の愛情

路傍の運命

私が「人間には運命というモノがあるらしい——」そう感じたのは、あわただしい年末の神《じん》保町《ぼうちょう》から小川町《おがわまち》への方向へ歩いていて、来年の暦売りの香具師《やし》の口上《タンカ》を耳にした時からだった。彼はセルの袴《はかま》をはき、角帽をかむり、朴歯《ほおば》の下駄をはいていた。そして、ふくらんだ紺絣《こんがす》りの内ふところに、翌年、つまり大正十年の真新しい暦を二十冊ほど入れて、素晴らしい雄弁で通行客の足を停めていた。

これがじつは暦も売れば演歌もやる香具師と言われる種類の青年であろうとは、当時まだ私は気づいていなかった。私は二、三十人の人波をわけて彼に訊《たず》ねた。

「苦学生サン、苦学生サンは、何を売っているのかね?」

私は気楽な通行人ではない。不足の活字を買いに出た、とにもかくにも師走の中の生活人なのだ。

「ナニ、まあ待て。話の腰を折るな。よいかァ諸君! 人間にはみなそれぞれの運命がある。かのナポレオンが、軍人にならずして、もしも、もしもだョ諸君! フランスは巴里《パリ》のだ、パリ大学の教師になっていたとしたらどうであろうか? ワーテルローの戦いで一敗地にまみれるというような悲惨事はなかったかも知れぬが、そのため世界はついにこの大英雄を史上から失っていたに違いないのだ。諸君!」

「学生サン、そのふところの暦だよ。それに、来年の運勢が書いてあるのかい?」

もう一度私に話の腰を折られて、彼は忌々《いまいま》しげに舌打ちした。

「話の腰を折っちゃいかんよ君は……」

それからしかし彼は、大仰《おおぎょう》に眼玉を剝《む》いて、ぐっと低く唸《うな》っていった。

「これは驚いた！　これは君、大変な運命を持った小僧クンが現れたぞ！」

「なアンだ。はじめからの連れじゃないのかい」

と、野次馬の中から声が上がった。

「連れなどであるものか、この人相を見給え。この切れ長の大きな眼！　これこそ典型的な鳳《ほう》眼《がん》だ。これだけの立派な眼をした若者が、このあたりを歩いているかキミ！　この鳳眼はそっくりそのまま孔子《こうし》の眼だ！　それに諸君、この少年の耳を見給え耳を。今は少しインキで汚れているようだが、これはキミ、生涯断じて生活には困らないという福徳円満な大国主命《おおくにぬしのみこと》の耳だゾ。大国主命というのは、諸君の家の神棚に鎮座まします大黒天のことじゃ。大黒天は福徳の神だぞ。諸君。ああ、かかる人相の少年に、この街頭で出あうというのは何という不思議であろうか!?　この少年は、わしの懐中にある開運の暦が欲しいらしい。よろしいとも！　喜んで君に一冊献じよう。季節は師走、キミも忙しいのだから、さ、これを持って早々に用を足し給え」

私は惜しげもなく暦を一冊胸もとに押しつけられて茫然《ぼうぜん》としてしまった。とたんに私の周囲から声と手とが一せいに上がった。

「よし、おれにも一冊！」

「こっちにも一冊……」

野次馬には不思議な計算があるものらしい。香具師のタンカが終るまでは、買おうか買うまいかと迷っていたのが、たちまちにして残らず売れ、青年は昂然として小川町の方へ向けて走り出した。

私は渡された暦をもって青年のあとを追った。私がこれから活字を買いに行こうとしているのは小川町の交叉点に近い、美土代町《みとしろちょう》の布上《ぬのかみ》活字店であったからだ。

「苦学生サン、私もお銭《あし》あげますよ」

「寄るなッ!」

と、青年は見返りもせずに追いかけた私を叱った。

「ロハなら文句はなかろうが、この田舎者め」

そして、それが見返りもせずに雑踏の中へ消えてゆくので、私も無料《ただ》の暦を手にしたまま、ぼんやりと布上活字店の方へ曲がった。

曲がったとたんに何となく一つ悟った。そうだ! みんながみな銭を取られたのに、私だけは無料であった。私の運命に気押《けお》されて、あの学生も、私からは銭を取れなかったのに違いない……と。

祖父の心

福運は、サブよりも私の方にあるようだった。彼は東京へ着くと同時に、予定どおり兄の良策クンにも会えたし、私より一足先に浅草見物も、銀座見物も済ましていた。

しかし私の方は、正月まで祖父の末弟のもとへも行けず、外出もできなかったのだから小遣い銭はまるまる残った。それもこれも大黒天のご贔屓《ひいき》があったからと見える。

当時の休日の小遣い銭は一回五十銭ずつで、月額一円。これでちゃんと映画を見たり腹も空かさずに済んだのだから、いったい入場料はいくらだったのだろう……？

こうして正月が近づくと、着物や帯に足袋《たび》からメリヤス・シャツの上下まで添えて主婦の手から渡された。財布の中にも相当の小遣いが貯《たま》っていた。たしか正月分は一円五十銭、その前に五十銭ずつ三度貰っているので、合計三円。それに田舎から持参の使い残りを加えると、仕事納めの大晦日《おおみそか》には五円以上の金持になっていたわけだ。

これで年内に機械の掃除を終ると仕事始めは正月四日で、それまで休みが続くのだから、考えただけでも裕福なものだ。

たしか大晦日の午後であった。すでに仕事を終って銭湯に行こうとしている時に、

「庄や、二階へお出《い》って。お父さんの部屋だよ」

やっちゃん、すなわち泰子なる女学生が呼びに来た。

「旦那の部屋ですか」

私は少なからず狼狽《ろうばい》した。またまた金縁メガネに外出のことで何か訓示を喰うのではないかと思うと気が重い。やっちゃんはさっさと茶の間へ行ってしまった。

「お呼びですか？」

恐る恐る二階へ上がって、障子ぎわに座った。

「おお来たか来たか。大きくなったようだな」

座敷の正面に、床の間を背にして座っていた人物が、溶けるような笑顔で声をかけた。旦那なる金縁メガネは、その客の前に、文字どおり平身低頭、両手を畳に支《つか》えている。

私はあやうく声を立てるところであった。

客は胸まで白髯《はくぜん》をたれた、加藤清正《かとうきよまさ》そっくりの、紋付き姿の田舎の祖父で、私がいつからか恐ろしい者に思い込んでいた金縁メガネが、ひれ伏すような恐縮しきった姿で座っていたのだ。

（こりゃ、いったいどうなっているのだ!?）

私は眼を丸くして思わず二人を見くらべた。

「おお、芝居と角力《すもう》を見に出て来たのでな。お前を貸して貰うことにした。芝居は菊五郎と吉右衛門が出ているので市村座《いちむらざ》にしたよ。相撲の国技館が四日、市村座が次の五日だ」

「でもお爺さん、休みは三日までだよ」

「いいんだ。お前はずっとどこにも出なかったというんで、ご主人から許可を貰った。朋輩とのつきあいも大切だから、三日まではみんなと一緒に遊んでな、四日の朝は早く和泉町《いずみちょう》へやって来い。それから国技館だ。市村座の演《だ》しものはお前の見たことのない酒井の太鼓という新作で、わしも出て来た甲斐があった」

それから祖父はまた、両手を突いている金縁メガネにあっさり言った。

「学校へ行く代りに寄こしてあるんだ。では頼んだよ」

「は……はい。必ず……」

私はその時、あわてて眼をこすったのを覚えている。こんなに神妙な旦那を見たことがなかったからだ。

やっぱりおれは、あの暦売りの学生が言ったように、どこか異《かわ》ったところがあるのだろうか?……と。

「よし、もう今日は掃除を終って風呂へ行くとこだってな。サブにも、元気で働けと言ってくれよ」

「ああ……」

私は唖然《あぜん》として祖父を座敷に残したまま部屋を出た。何よりもこれで、金縁メガネの怖さが一度にどっかへ落ちてしまった。

(ナアンダ。あんなに家《うち》の爺さんを怖れるのなら、オヤジよりも一段下じゃないか……)

首を傾《かし》げて銭湯に行って、三郎に背中を流して貰いながら、訊《き》いてみた。

「サブ、おれの背中はどっか変っているか」

「変ってねえよ」

と、サブは答えた。

「オレより痩《や》せているだけだよ」

銭湯から帰って来ると、祖父はもういなかったが、おかみさんが私の耳もとでささやいた。

「庄やのお祖父《じい》さんは立派なんだね。私はどこかお店《たな》の、著者の先生がおいでになったのかと思ったよ」

陋屋の長兵衛

さてこうして私は、東京ではじめての正月を迎え、四日に約束どおり、和泉町に住んでいる祖父の末弟作蔵翁を訪ねてみて、ここでも文字どおり魂消《たまげ》つづけた。

作蔵翁はどこか祖父に似ているので、わかることはわかったが、祖父とは比べものにならない男ぶりであった。

第一、その住居がお粗末すぎた。六畳と三畳の長屋住居で、顔つきだけはひどく無愛想であったが、どうふんでも「——著者の先生」と間違われそうな人品ではなかった。

私が郷里で耳にしたところでは、相当な俥屋《くるまや》の親方で、近村の若い衆どもが上京すると、一度はこの作蔵翁のもとへ草鞋《わらじ》を脱ぎ、そこから奉公先を見つけて貰って出て行くのだと聞いていた。

そうなると私は、講談本の口入稼業《くちいれかぎょう》を想い、幡随院長兵衛《ばんずいいんちょうべえ》を連想する。

(冗談じゃない！ 長兵衛がこんな長屋に住まうものかッ)

台所に鼠入《ねずみい》らずがあり、六畳間に簞笥《たんす》が一棹《ひとさお》あるだけで、家財道具は小さな長火鉢と七輪と、水甕《みずがめ》一つ。水道も内には付いてなかったし、広さはすべてで田舎の厩《うまや》ぐらいの大きさだった。

もっとも当今のアパート住居の2DKを考えれば、結構これで用は足りたであろう。入り口が玄関と台所に仕切られ、上《あが》り框《かまち》はあげ板で、その上に板の間が二畳ほどあった。つまりこれが台所である。あげ板の下には漬物だの味噌だの下駄だの煮炊きの炭だのが入れてあり、そのわきに露地に面して三畳と六畳がつづいている。六畳の先に細い濡れ縁があり、その端に便所が付いていた。

(なるほど、これでも人間は住めるのだ……)

もし越後のように、大雪でも降ったらどうなるのであろうか?

まず胆をつぶして入ってみると、その日も祖父は六畳間へ、紋付き袴で座っていた。

「おお来たか。これが東京の作蔵で、この仕事師は、それ利左衛門という空屋敷があっただろう。あの家の、……おい、名前は何と言ったっけ」

「へえ、吉と言いますんで」

来客の印袢天《しるしばんてん》は、窮屈そうに膝をそろえて座り直し、バカ丁寧に挨拶した。

「へえ、手前が利左衛門の伜《せがれ》の吉次郎にござんす。本日はお祖父《じい》さまのお供を致しまして国技館へご案内申しやす。若旦那には、向後ともお見知りおかれましてよろしくお引き立てのうえ、ご別懇にお頼み申しやす」

するど粗末などてら姿の作蔵翁が、

「まあいいやな吉っぁん。相手はまだ子供じゃねえか」

「へへ……、と言って、お祖父さまの前で、仁義を抜いて叱られてたんじゃ格好がつかねえやな、兄貴」

それから鋭ぃ眼を私に向けて、

「お前さんは、生れた時から和泉屋さんのお名跡《みようせき》をお継ぎなさっているそうで。しかしまだ若けえから庄ちゃんで、勘弁して貰ぃやす」

「ほう、するとあんたは村の……」

「へえ、那須利右衛門の分家筋、利左衛門の伜にござんす。親父ぁ、村にあるおりには和泉屋さんの乾児《こぶん》でござんしたそうで。あっしぁ、もうよく知りやせん。しかし、利左衛門屋敷というのは今も村にあるそうで」

「あ、ありますよ。家で桑を植えている」

「つまり、その桑畑の伜《せがれ》でさぁ。そして東京じゃ、この作さんが、あっしの兄哥分《あにき》……と言ったら姐《あね》さんが帰っておいでなすった。姐さん、田舎のお祖父さまは、今日はぁっちがご案内申しやすよ」

その声で入り口を見やって、私は再び、わが眼をこすった。姐さんと、いうのだから、これが作蔵翁の女房に違ぃない。

「そうかい。吉っぁんが来てくれれば安心だね。お前さんはお正月だから手が空いてるわけよ。家の爺さん、お正月は忙しくてね。あら、これがお話の庄ちゃんかい。はい、よくお出《い》でなすったね。うちのお爺さんは先月から、首を伸ばしてお待ちかねだよ。生れた家のぁと取りが来るというんで喜んでね」

「は……」

「あら、この子もびっくらしているよ。あたしが関取みたいの体をしているもンだから」

するとまた吉っぁんが、気軽に口を挟んで来た。

「庄ちゃん、姐さんぐれえで愕《おどろ》いちゃならねえぞ。姐さんなんざぁ、せいぜい二十一貫あるかなしかだ。国技館に行ってご覧よ、梅ヶ谷《うめがたに》はこの三倍近くもある。アッハッハッハ」

「やだよ、また吉っぁんが……」

そう言ってからこの女関取は、眼をしょぼしょぼさせながら、仕立おろしの私のお仕着せの袖をつまみあげた。

「ホラご覧なね。まだ袖付けは女仕立だよ。ちゃんと袖わきが空いてるからね。じゃ、お店ではまだ庄どんだね」

「お店では何と言われようと、あっちにとっちゃ大事な和泉屋の若旦那だ、なぁ庄ちゃん」

とたんに祖父が大きな声で、この家の主婦を叱りつけた。

「茶菓子などは要らないと言ったろう。それだから、いつまで経っても貧乏なんだ」

私はびっくりして祖父を見やり、作蔵翁を見やり、それからさらに買って来た茶菓子を出した主婦を見やった。

茶菓子など要らぬというのはよくわかる。しかしそのあとの一句は、この家に関する限りいささか残酷すぎると思ったからだ。

ところが叱られた大女はかくべつびっくりもしなかった。

「はいはい。また叱られたよ兄《あに》さんに。でも、お口に合わないでしょうが、吉っあんも庄ちゃんもいることですから」

すると吉っあんが、ケラケラと笑いながら取りなした。

「ヘッヘッヘ……しかしお爺さま、兄貴の貧乏を叱っちゃ気の毒だよ。子供運が弱くて、次々にころしてしまってさ。吉郎さんにしろ、若子さんにしろ……一人として育たなかったんだから、そのうえ、前の姐さんに先立たれて……」

そこまで言うと祖父は、こんどは吉っあんの方を叱りとばした。

「余計なことだ。黙っていなさい」

「へえ……それでも」

「わかっているのだ。そんなことは」

私はその時ハッとした。あらぬ方を見つめて、知らぬ顔をしている作蔵翁の眼が尋常でなかったのだ。

作蔵翁の視線の先には「——陸軍上等兵勲八等山内作蔵《やまのうちさくぞう》」として、台湾征伐のおりの古びた褒賞状がかかっていた。

それには功績を讃《たた》えて金百円也を授与すると書いてある。

当時の百円という金は、田舎ならば大きな屋敷一つが買える金だ。たぶんその頃の若い自分を思い出しているのであろう……と、私は思った。

とたんに祖父は、袴のヒダを叩いて席を立った。

「さあ行こう。吉っあん、案内してくれ」

そして長屋の露地を出てゆくと、

「あの野郎、腹を立てていたぜ、バカ野郎が」

祖父は吉っあんに、髯《ひげ》をしごいてポツンと言った。

「あの野郎……バクチの勝率がわからねえ。いつでも、盆ゴザと二人きりにならないうちは席を立てない。貧乏はそのせいさ。わしが分家してやった田舎の家屋敷なんざあ、ものの五年とは持たなかった。死んだ女房は二人とも可哀そうなものさ」

私はそれで、作蔵翁のいまの関取のような巨軀の女房は、三人目の女房だったことをはじめて知った。

教室の中の海

好意の重み

大正十年の国技館の相撲も、その翌日の市村座《いちむらざ》の芝居も、はじめて見物した私には、生涯忘れられない印象を残した。

それを、詳しく記していたら、二、三回分の紙数では足りない。

私が七十歳近くになっていまだに文春の文士劇に顔を出しているのは、この時の菊五郎と吉右衛門一座の芝居に端を発している。私はこれが病みつきになって、利左衛門の吉っあんを呼び出しては、市村座の立見席に入った。彼の火消し袢天《ばんてん》が木戸御免だったからである。ある時には彼は、私を立見席へ入れると、自分はコソコソと姿を消した。

「――庄ちゃんの芝居好きにゃ恐れ入ったよ。おかげで俺ぁ、作蔵兄貴や姐《あね》さんに、ご無沙汰せずに済むんだけどさ」

当時の市村座は、俗に田村将軍と呼ばれている気《き》っ符《ぷ》のいい興行師の持ち物で、私が時々見物した芝居の感想を書き送るので、富岡《とみおか》製糸場の模範工女だった姉のシゲを刺激しすぎたと見え、工場へ行くはずのシゲが東京へ出て来た時にはびっくりした。

たしか春先の頃であったと思う。東京にいるはずのない姉が、ある日きれいな日本髪姿で、忠誠堂へ私を訪ねて来た。

「なあンだ。東京見物に出て来たのか!?」

私が眼を丸くして訊《たず》ねると、シゲは曖昧《あいまい》に笑った。

「私、もう工場はやめたのよ」

「へえ、すると東京見物をして、それから田舎の家へ帰るのかい?」

「いいや、まだ帰らなくていいって。この先に三崎座《みさきざ》(後の神田劇場)って芝居小屋があるでしよう。そのうち、あそこで稽古《けいこ》させて貰うつもり……」

「三崎座って、女芝居の!?」

「そう、それよりお前、市村座の田村将軍知っているでしょう」

「知っているって、顔は知らないけれど……」

「あたし、あそこの小間使いにして貰ったの」

シゲはすまして言って、私の前に何がしかの金をおいた。

「これからは女だって職業を持たなきゃいけないからね。でも、講義録のお金は約束だから、ちゃんと届けてあげる。男はまず勉強ですからね」

私はこの時、何と言ったか覚えていない。

(シゲが市村座の家に入りこんでいる)

と、すれば、今はとにかく老俥夫《ろうしやふ》に身をおとしている俥宿の主人だった作蔵翁の口利きに違いない。そこまでは想像できたが、そのシゲを小間使いに雇い入れた田村将軍の魂胆がわからない。

これは後になって知ったのだが、わが家の芝居好きは祖父から姉、姉から私と続いていたものの

のようであった。幼いおりに、よく祖父の太棹《ふとざお》に合わせて二人で踊らせられた覚えはあったが、その姉は工場でも学芸会式の催事に、すぐさまこれを持ち出したものらしい。

「――私の三吉子《さんきち》別れに、みんな涙を流してくれたのよ。工場長さんも太鼓判を押して推薦してくれたのよ。いいの、あたしのことは何も心配しないで」

何も心配しないでと言いながら、カラコロと日和下駄《ひより》を鳴らして歩き出すと、忠誠堂の前で姉は、すってんころりと転んで見せて帰っていった。

これは大変なことになったと私は思った。いくら芝居好きでも、私の考えは役者になろうとまでは脱線できない。

ところが私よりもずっと大人のはずの姉が、とんだ志を立ててしまった。言い出したら簡単に引きさがる性格ではない。

折りをみて、田村将軍にも聞き合せてみなければならないし、郷里へも問い合さなければならないと、自分で自分に言い聞かせた。

ところが、じつはそれもこれも、私の病気から、案外簡単に解決することになった。

人生教科書

（――これはどうも脚気《かっけ》らしいぞ）

私が、自分でそう気づきだしたのは姉が訪ねて来て間もなくだった。

何よりも食欲がまるでなかった。たまに食膳にのぼるカツレツだの、薩摩揚げだの、好物にも、まるきり食欲を感じなくなった。

いや、それにもう一つ心配が重なった。それは陰に陽に私をかばったり、励ましたりしてくれていたおかみさんが病気で入院してしまったのだ。

おかみさんが入院しなかったら、私はとにかく夜学へ通わせてくれるように話していたに違いない。むろん夜間中学だが、近くに学校はいくらもあり、四年に入学するつもりで願書も、三、四校に貰って来てあった。

おかみさんの入院した病院は四谷《よつや》見附《みつけ》の近くにあった。むろん私は最初の第一日曜に見舞いに行った。病名などは覚えていない。今にして想えば、おかみさんは先夫の子供が三人、いまの旦那に三人という子持ちだったので、あるいは子宮癌であったのかも知れない。

とにかく、この人だけが私の身辺を心配してくれているような気がして、行ってみずにいられなかったのだ。

「まあ、たまの休みに、わざわざ来ておくれだったのかい？」

それは私の考えているような冷たい病院風の建物ではなく、医者の二階に間借りしているような医院の二階で、おかみさんは早速起き出して、あちこちから届けられた見舞い品の中からカステラを切って出してくれた。

「心配はないんだよ。大した病気じゃないんだからね。少しばかり家が忙しすぎたのさ。すぐに治って帰りますよ」

このすぐに癒《なお》って帰ると言われたことで、私はすっかり気鋒をそがれた。この時、二番目のあっちゃんの縁談が決まったところであったし、おかみさんの忙しさは、私にもよくわかった。

(働きすぎていたのだ……)

小柄で多産系で、すでに私の母よりも老けて見えた。母と祖母の間ぐらいにしぼんだ感じに、かえって哀れさを覚えていった。

(そうだ。一学期遅れも仕方がない……)

先夫との間にできた娘の産んだ孫の新ちゃんまで引き取って苦労しているのだから、気骨も折れたに違いない。

私はとうとう学校のことなど、言い出せない気持になった。学校へ行こうというのは私だけの計算で、おかみさんの病気に、そんな計算など入っているはずはなかったのだ。

「とにかくみんな淋しがっていますから、早く治って帰って下さい。それから……」

と、私はやっとの思いで言った。

「新ちゃんも、四月から西神田《にしかんだ》小学校へ元気よく通っています。毎朝私が送り込みます」

「そうかい。ありがとうよ。あまり我儘《わがまま》にならないよう、時々叱って教えてやっておくれ」

おかみさんは眼をうるませてそう言ったが、私の夜学のことにはふれなかった。

触れなければ私も男だ。たとえ一学期おくれても、それはそれで黙っていよう。

（そのほうが、ほんとの勉強なのだ……）

自分に言いきかせて医院を出た。もう五月も半ばになり、四谷見附のあたりの街路樹が、すっかり青さを増していた。

それからだった。私の食欲が眼に見えて減りだしたのは……

もともと私には郷里にある時から偏食の癖《へき》はあった。それだけに、いつも体は痩《や》せていたが、さりとて病気もしなかった。むろん私の食膳に副食物が残るようなことはなかった。私が総菜に手をつけないとわかると、秀ドンも周ドンも先を争って、私の分を片づける。

「もってえないなあ。トンカツが嫌《き》れえだなんて」

「そうさ。こんな美味《おい》しいもの。やっぱり田舎じゃ喰《く》わねえからサ」

私は、漬物か味噌汁で、辛うじて一杯口に流し込むとすぐに立って文選場へ入りこみ、活字の入ったケースの暗記にとりかかった。

普通一人前の文選工になるのには三年はかかると言われていた。それを私は、おかみさんの退院して来るまでに覚えてしまっておこうという胸算用《むなざんよう》で、劃引《かくひ》き式に陳列されている活字ケースの征服にとりかかった。

他の者が夜業をしている時に通学するとすれば、それくらいの努力はしなければ済まない。おかみさんの病気は案外長びいた。四月も五月にも退院できず、退院して来たのはお盆休みの直前であった。

このお盆休みに、私ははじめて海というところで泳いでみた。おかみさんが退院して来たので、家の中は、にわかに活気づき、苦虫の旦那も金縁眼鏡の清三郎旦那も活気づき、いまの千葉県の稲毛《いなげ》まで、みんなを海水浴に連れていってくれたのだ。

この時が私の海に入って泳いだ最初の経験で、そして、それがそのまま再び三郎と別れて、ひとり郷里へ送り帰される直接の動機になった。

私が稲毛の海岸へ組みあげられた海水浴場から見た太平洋は、遠くまで半乾きの砂と泥の続いた田植え前の田圃《たんぼ》のようなものであった。所々に水たまりはできている。しかし想像していたあの悠揚たる海岸の波浪はほとんどなく、はるか前方に水平線というより地平線が細く見えていた。

(こんな海水浴場ってあるものか。いったいどこで泳ぐのだ!?)

私は内心裏切られた想いで、持たされた赤褌《あかふん》をしめ直して泥の上へ飛びおりた。

降りてみて愕《おどろ》いた。半乾きの泥の上には、私にとって最初に見るあらゆる種類の貝や海草や蝦《えび》のような生物がウヨウヨしていた。

私は早速売店へ戻って網袋を買い、それを下げて、眼につく貝を、これは蛤《はまぐり》、これは浅蜊《あさり》、これは塩吹き、これは馬蹄貝《まてがい》と、図録で見た知識を頼りに採取を続けながら、ぐんぐん沖へ出ていった。海の水が塩からいのは、故郷の鯨波《くじらなみ》でわざわざ舐《な》めてみて知っている。しかし、その潮の引いたあとに、こんなに賑《にぎ》やかな生物の世界があろうとは思いも寄らず、それこそ瞠目の連続だった。この分ならば水たまりの底に鯨《くじら》の子か鱶《ふか》ぐらいは居残っているかも知れない。

こうした昂奮は、海に十里というような上越地方の山間育ちでなければ、経験できない昂奮であったに違いない。

私はとにかく、特参の網も手ぬぐいも採取品で、いっぱいにし、小屋架けの建物が豆粒より小さく見える沖合いまで出ていった。沖合いという感じなどはむろんない。どこの水たまりにも鯨の仔や鱶の子はおろか、小鯛一匹泳いでいなかったが、私の胸にふくれ上がった海洋の魅力はたちまちにして私を虜《とりこ》にしていった。

時々ふり返ってゴマを撒《ま》いたような海水浴客をふり返り、やがて、それらも遠く離れて、海水がくるぶしを埋めてゆくのを感じた。

私は、はじめそれを沖へ出たゆえだとばかり思い込んでいたのだが、それは干潮時が過ぎてひたひたと潮が満ちだしたからだと気が付かない。

周囲に誰もいなくなった。海水は私の膝を没し、かがんだだけでは、踵《かかと》の下の大きな蛤が採れなくなった。

ほんとうの事を言って、この時の十分か二十分間が、私を得《え》も言われぬ海の陶酔にひたらしてくれた時間であった。

「あ、満潮に変っているのだ！」

そのあたりの蛤は、みな始めに採ったそれの三倍ほどの大きさに変っている。私は最初に採った小さな蛤を海へ放して大きなのと入れ代えた。

「不人情じゃないんだゾ」

と、私は貝に言った。

「ここでもっと大きくなれよ。おれは大きい方を拾っていって、おかみさんへの土産にするんだから悪く想うなよ」

はじめに採った貝を捨てるのにも、私には妙に未練があった。これを持って帰って、故郷の母に見せてやったら何というであろうか？

しかし私は、そのおかみさんの幻も母の面影《おもかげ》もふり切って、腰にしばりつけた採取品と共に岸へ向けて泳ぎだした。

もうその時には、周囲の海面《うなも》に人の影は一つもなかった。むろん泥濘《ぬかるみ》は紺碧のきらめく波の重なりに変って、岸辺に連なり建った海水浴場の架け小屋が、マッチ箱より小さく見えた。むろんまだ恐怖はなかった。何の一里や二里……淡水の激流を泳ぎきった自信が私を支えている。

その私が、慄然としたのは、海水の干満には北越の河川のように几帳面な、下流への方向づけがないと気づいた時からであった。

北越の河川は即戦即決、瀬を乗りきれば岸があった。ところが太平洋にはその岸が一方にしかなかった。千葉県の稲毛海岸に着くのでなければ、いったいアメリカのどこまで泳げばよいというのか……?

あとは、私が、どこで、どれだけの採取品を捨てて身軽になるかであった。

惜しかった! 拳大の蛤を二つ、三つと捨てるたびに、自分の予想していた前途が一つ一つふるい落されてゆくのを感じた。

体はクタクタになった。咽喉《のど》はひりひり乾き、手も足も鉛を詰めたように重くなった。しかも、目測してゆく私の体が、岸辺に近づいたと思われる部分は、ほんの粟粒ほどでしかなかった。

(なるほど、これが運命という奴か……)

こうなったら、私は休息しなければならないと思った。息はぜいぜい切れてくるし、手よりも足が次第に重たくしびれて来る。

脚気で泳ぐということが、どんなに無理なことか、そこまでは気がつかない。しかし、この朝、忠誠堂を出て来る時には食事は、軽く一ぜん、味噌汁で流し込んだだけであった。胸の鼓動がこわれたボロ船のように波打っている。

もう昼食時間は過ぎたであろう。頭上ではカンカン照りの太陽が、少しく稲毛よりに照りつけて、いよいよ海波はまぶしい光りを増している。

じつはこれが、私の人生における生きて経験した死との最初の対面であった。以前にもう一度、郷里の魚野《うおの》川《がわ》の岩肌にダイビングをやってのけ、死に損なった経験は持っていたが、その時は、岩肌に撃突すると同時に失心してしまっていたので、感情としては何も残っていなかった。

「よろしい。勝手にしろ。その代り、私も勝手にさせて貰うぞ」

私は泳ぐのも、採取品を捨てるのもやめにして、きらめく波の中へ仰《あお》むけにひっくり返った。ひっくり返ってみて、はじめて自分の体が浮くのを知った。淡水と海水では比重が違う。浮くためだけならば、何もあせってジタバタすることはなかったのだ。

（そうかい。そんならゆっくりやるぜ……）

顔にかぶさる逆波を、ほんの少し弾みをつけた体で避け得ることを自得した。

これは、私の生涯にとって、じつに重大な発見だった。太平洋戦争のおり、あらゆる船に乗って戦場の海を旅しながら、いつ、海に投げ出されてもそれほど恐怖を感じなかったのは、こうして稲毛の海に教えられた大自然の力によるところが多い。

とにかく人間は、太陽も山岳も海洋もふくめた大自然の子なのである。産れた以上そう簡単に殺すものではないらしい……そう観念して、破れそうな胸の静まるまで波の上をただよった。

時間にして約一時間、胸の痛みがおさまったところで、改めて岸との距離を目測し直そうとして起き直ってみると、何とそこは波打ちぎわであった。

「おーい。早くあがって来いよ！　おれたちはもう飯を先に戴いたぞ」

サブの声を耳にした時、私は腰までのおだやかな砂浜の波をなぶりながら、ゲラゲラと笑っていた。

体力の挫折

水蜜桃の救い

人間が、生きるか死ぬかの恐怖感に、けじめを付けようとあがくのに比べて、

「――なアンだ助かっていたのか……」

その実感は、ただやたらに可笑《おか》しく、間の抜けたものであった。満潮時には手を拱《こまぬ》いていても、自然に岸へ打ちあげられるであろうし、その反対に、引き潮の時であったら、少々くらいあがいてみても、ぐんぐん沖へ運び去られてゆくに違いない。

（そんな理くつがわからないとは、何という滑稽《こっけい》な山出しであったろう……？）

私は陸《おか》へあがって、用意してくれてあった食膳の前に座っても、まだ笑いが止まらなかった。時々思い出し笑いをしながら、しかし食事を嚥《の》み込もうとすると、ふしぎな抵抗感にさえぎら

れて嚥み込めなかった。
一見したところでは、この日の朝食べて来たと同じ白米のご飯である。それにさしみが付いたり、焼き魚が付いたりお椀が付いたり、漬物類が付いたりしている。見た眼ではまさに山海の珍味である。ところが、その白米のご飯が何としても咽喉《のど》を通らない。妙な匂いがムッと鼻《はな》尖《さき》へ襲いかかって、嚥みかけると咽喉ぼとけがぐっと締って押し返す……私はいったん口に入れたご飯を新聞紙の中へ吐き出して、漬物の噛《か》み汁だの、お椀の汁だのを吸ったままで食事を済ました。

どうしてご飯が咽喉を通らぬのか……？　別にそのご飯がすえているのでもなければ冷えきっていたわけでもない。

ただ忠誠堂の食事とはいささか匂いが違うだけなのである。忠誠堂の朝飯は家に戻ったおかみさんの手で、使い馴れた釜に入れて磨《と》いたご飯だったのに、海水浴場のご飯は、たくさん炊く必要から蒸したものかも知れなかった。

とにかく何が気に入らないのか、私の胃袋は断じてそれを受け付けない。仲間はみなもう食事を済まして、潮のみちて来た海へ泳ぎに出てしまったので、誰も私のこの状態を見ている者はない。そこで早々にお膳を離れて、私もカンカン照りの波打ち際に出てみたのだが、その時にはもう私の状態はすっかり変っていた。

海へ入る気もしなければ、その体力もなくなっていた。腹が空き過ぎてしまったのだろうか？　それとも知らない海であがき過ぎてしまったのか？　とにかく両脚は膝の関節のあたりまで痺《しび》れて来て、そっと動かそうとしても持ちあがらない感じなのだ。

こういう時には、口をつぐんで、私は黙っている。そして口の中で山中鹿之助《やまなかしかのすけ》の歌をくり返してこらえている。

憂《う》きことのなおこの上に積《つも》れかし

限りある身の力ためさん

このくらいのことで、どうあがいてみたところで、人間の持って生れて来ている「――運命」は変るものではない。運命がそう命じるのならば、じっとそれに耐えてみせる。私は七十歳になろうとする昨今になっても、同じ性癖を残している。

その日、稲毛《いなげ》から神田《かんだ》まで、みなと一緒に談笑しながら戻る道筋は楽しいものではなかった。みなが、それぞれ今日一日の出来事を明るく語りあうので、私も自分の失敗談を面白おかしく話しながら戻って、その日の夜食には、どんなことをしても少しくご飯を食べておこうと試みた。

ところが、おかみさんの炊いてくれたご飯も、同じ匂いがして、何としても嚥み込めない。

翌朝も同じであった。そこで小川町《おがわまち》の布上《ぬのかみ》活字店へ不足の活字を買いに行ったついでに、須《す》田町《だちょう》の青物卸売市場まで、重い足を伸ばしていった。

そこには熟《う》れすぎた果物類が、一山、五銭と十銭で山のように売られている。その一山五銭の水蜜桃《すいみつとう》を買って、むさぼるように食べてみた。

何という皮肉な嗜好であろうか⁉ 円熟した水蜜桃は舌の上で溶けるとそのまま、何とも言えない甘さで、胃袋に納まるのだ……

「――この水蜜桃野郎め！ うぬはいったいどうすれば気に入るのだッ」

私は私を叱りつけながら、しかし七月いっぱい、すなわち半月間は、この卸売市場の熟れすぎた水蜜桃で生命をつないだ。そして次の定休日である八月一日に、この生命の水蜜桃を買って来たところで、

「庄や、お前は毎日、ちっともご飯を食べないそうじゃないか」

まだ顔いろのよくないおかみさんに呼びつけられて詰問された。

「強情は、悪いことではありませんよ。男としては、立派なことです。でも、程度がありますよ。人間はね、病いには勝てないのです。さ、清三郎さんと一緒に、隣りのお医者さんに行ってていらっしゃい」

私はヤレヤレと思った。隠し通して、おかみさんにだけは知られたくなかったのだ……

金縁メガネの清三郎の方も、この姑《しゅうとめ》にかなりこっぴどく怒られたものと見え、

「さ、医者に行くのだ。呆《あき》れたもンだよ。お前、稲毛から帰ってから、ぜんぜんご飯を食べていないそうじゃないか。お前のお蔭《かげ》でみんなさんざんお母さんに怒られたぞ」

怒られても仕方があるまい……と私は思った。とにかく私は食べないものとして、秀ドン、

周ドンなどが、あっという間に私の膳の上をきれいに片づけていてくれたのを、まるまる半月知らずにいたのだから……

私は今もって、私が稲毛以来、食事のできなかったことを、おかみさんに告げたのが誰であるかを詳しくは知っていない。

あるいは周ドンの兄である周サンだったのではなかろうか？ つまり、このおかみさんの一言で私の運命は百八十度転換することになり、私は無事に助かったのだが、おかみさんの方は私が忠誠堂にいなくなると間もなく、またぶり返して、その翌年亡くなってしまった。

急転直下

忠誠堂の隣りの医師は西サンと言った。私も忠誠堂の住居の出入り口を掃《は》くたびに、その玄関先を掃いてやっていたので顔だけはよく知っている。

「――おお、小僧サン、お前サンか、毎日ウチの前まで掃いておいてくれるのは」

そうは言ったが、アリガトウとは言わなかった。これは職業のためであろうか、それとも鼻下のチョビ髭《ひげ》のせいであろうかと思ったりしたものだ。

しかし、この西先生は私にとってはゆかりの人である。

私を一応診察するなり、呆れたように舌打ちして、

「こりゃ大変だ！」

金縁メガネの清三郎を叱りつけた。

「こりゃ、あんたの親類だそうじゃないか。すぐに田舎へ送り返しなさい」

「というと、病名は……何でございましょうかね？」

「何でございましょうか……カッケだよ。途中で……その、衝心しては困るからな。一人でやっちゃいかん！　あんたが付いて行くのだな」

「と、しますと、あのすぐにでしょうか？」

「そうだ。汽車は何時に出るか……？　とにかくすぐにだ」

「しかし、私としましてもいろいろと用が……」

「じゃ、葬式の用意をし給え、転地ができなけりゃそれよりないッ」

さすがの清三郎もこれで黙った。その黙った顔が可笑しかったので、私もクスリと失笑した。

すると、この西先生、こんどは私に噛みついた。

「笑いごとじゃない。医者は何のためにあるのだ、バカ者」

そして、二人が西家を出ると、清三郎はまたボソボソとこぼした。

「お隣りがお医者サンなんだよ。なぜ、具合が悪かったら悪いと……全く、こっちが立つ瀬がないよ」

この日の清三郎は全く立つ瀬がなかったらしい。お盆以来の定休日なのだから、彼もどこかへ行く予定があったのであろう、それが追い立てられるようにして、私を送って、上野駅へ行かなければならなかったのだ。

　上越線はまだ開通してなかった。したがって、これを信越廻りで直江津《なおえつ》から長岡《ながおか》の手前の宮内《みやうち》駅まで行き、それから乗り換えて越後《えちご》川口《かわぐち》まで開通している汽車に乗り、さらに十三キロあまり、馬車か何か見つけて乗らなければ帰れないのだから、面喰《めんく》らったのも無理はない。

「おい、お前ほんとうにそんなに悪いのか？」

「悪いらしいな、西先生が言ったもん」

「先生が言ったじゃないよ。とにかく、さ、この弁当を食べて」

「ベントウは要らない。ご飯はノドを通らないから、その代りに自分で桃を持っている」

「桃……ハハハ……子供だな。弁当より桃がいいとは。では、何でも好きなものをお食べ」

清三郎にはどうしても私の言葉は通じなかった。

「お前、病気のこと、田舎の両親には知らせてあるのだろうな？」

「ううん、知らせてない」

「知らせてない……なぜだ!?　そ、それは」

「あんたに悪いから……」

「わしに悪いから!?　それは、何の意味だ」

「あんたが引き受けたから心配するなと、何度も言ったろ。それを、とやかく言うのは女々《めめ》しすぎる。だからいつも元気で働いていると言っただけだ」

「フーン。すると、ご両親は何も知らない。そこへ私がお前を送り届けるのか」

「大丈夫、家へ着けば説明は私がするから」

「そう簡単なわけには行かないんだよ。仮りにも、私はお前の主人だゾ」

私はもう相手にならなかった。主人にしてはよく約束を守った主人とは言いがたい。そこで、黙って買いおきの桃をとり出してその果汁を啜《すす》りだした。

お伽噺《とぎばなし》の中の桃太郎は桃から生れた。私は桃から生れずにお袋の腹から生れたが、ここ半月は桃で生命をつないで来た。

(これで助かれば、私も桃太郎だな……いや桃次郎かも知れない)

そんなことを考えているうちに、いつか夜汽車は想い出の碓氷峠《うすいとうげ》へかかっていた。今度もことごとく私を威圧するアプト式の電動機関車だ。あれから僅々《きんきん》九ヵ月あまり……その間に私はふたたび同じ軌道の上を故郷へ帰る……

呑気《のんき》なもので、大人の清三郎は、口をあけて無心に眠っている。眠っている顔というのは無邪気なもので、その無邪気な顔に金縁メガネが光っているのが何ともウラ悲しいものであった。

ウラ悲しいと言えば、私と清三郎が向かいあって同じ三等車の夜汽車に乗っているのもウラ悲しかった。

清三郎はおかみさんに、万一のことがあるといけないからと、二等車に乗るよう懇々《こんこん》と言いつけられて、その旅費を渡されていた。

二等車と三等車では乗車賃は三分の一である。乗車賃の三分の二を不要と認めたのだから、この事は、清三郎が私の体力は途中で尽きるものではないと信じてくれたことになる。

「神よ、この善良な金縁メガネを守らせ給え」

そのうち私も眠った。眼ざめてみると、列車はまたよく育った青田の間を走っていた。

私は何となくホッとした。

まだ生きていてよかったと思った。眼の前の清三郎は、上半身をそらすようにして汽車弁を食べている。生きていれば食べるのが当然で、私が眼ざめたと知ると、彼は弁当の一つを鷹揚《おうよう》に私の前へさし出した。

「さ、お食べ。食べて元気を出しておくのだよ」

「ありがとう……しかし、弁当はもう……」

咽喉《のど》に通らぬのですよ……そう言おうとして、私はドキリと胸を剔《えぐ》られた。

眠っている間に、私の声は全く出なくなっていた。潰《つぶ》れ声にも、しわがれ声にも、ウンともスンとも言えなくなっていたのだ。

「どうした? 食べないのか」

私はこ、、、くりと小さく頷《うなず》いてみせて視線をそらした。列車はいよいよ海岸へ出てきている。小学校の頃の修学旅行で歩きまわった上杉謙信《うえすぎけんしん》の遺跡から直江津の浜辺へかかっているのだ。

(そうだ。清三郎に声の出なくなったことを知らせなくてはならない)

そこで私は、黙って立って列車の窓をあけ放った。

文字どおり快い海軟風が、身も心も洗うように流れこんだ。

「この辺の景色は、素晴らしいなあ！」

と清三郎が言った。

私はそれにできる限り微笑で応えた。

こうして宮内で乗り換えて、越後川口駅に下車するまで、私は一切無言の微笑作戦で清三郎に応対した。

清三郎は川口駅で降りると、これも私の縁者の十一屋という料理茶屋の店でまた飯を食べようと言い出した。

私は笑いながら、また水蜜桃を一つ取り出して鼻の尖《さき》へかざして振った。

「仕様がないもンだな、我儘《わがまま》で」

と、彼は一人で食事をした。

「食べてみなさい。故郷の鮎《あゆ》じゃないか。魚野《うおの》川《がわ》の鮎はさすがに甘味《うま》いよ」

彼は二人前の膳をきれいに平らげて、それから、乗合《のりあい》馬車を見つけて来た。

この馬車もじつは、わが家のすぐ真向かいにある那須文蔵の馬車であった。

文蔵老人は、すでに私を私と気が付かない。そう言えば去年の十一月、生家を出る時の私は身長四尺八寸だった。それがいまは五尺二寸になっている。一年に四寸（十三センチ）伸びたというのは、私の生涯ではこの年ばかりだから、身長の伸びるのと、栄養とは大した関係はないらしい。

向山《むこうやま》の駅馬車立場《たてば》で馬車を降り、私たちは、町をぬけて、佐梨川《さなしがわ》の橋にかかった。するど、向うから見覚えのある婦人が、秋蚕の桑の入れものを担《かつ》いでやって来る。それが母であるのは私には一眼でわかった。しかし母は私に気づかない。むろん清三郎にも気がつかず、私たちと橋の中ほどで行き合った。声は出ない。そこで私はゆっくりと何も知らない母の前で頭を下げた。母は立ちどまった。そして私以上に丁寧に頭をさげて、

「よい、お天気でございます」

抑揚をつけて挨拶して、私と行き違った。

「どこの人だい？　いまの人……？」

清三郎が訊《き》いた。

「うちの母ですよ」

言おうとして、私はドキンとした。声は全然出なかったのだ。清三郎は愕然としたように私に飛びついた。

「どうしたンだ。声が出ないのかッ、声が……」

母は何も知らずに、橋を渡りおわって、橋向うの桑畑に入っていった。

生きている朴の木

瘋癲玉と盆花

医学博士の竹村院長にすらわからない私の生死が、父や私にわかるはずはないのだと私は思った。

あるいは運命もサジを投げて、この辺で、殺そうかそれとも生かしてやろうか?……と、迷っているのに違いない。運命が首を傾《かし》げて迷っている時に、私としてはどうすべきであろうか……?

そんなことは決まっていた。運命の思案いかんにかかわらず、私は私の意志を決定して——「オレはこうするゾ!」と、歩き出してみるよりほかにない。

運命がどう考えようと、運命は運命、オレはオレだった。

信濃川《しなのがわ》の水が、自分の河床を、自分の力で押しひろげ、日本第二の大河となって新潟港から日本海に注いでゆく。私たちはそれを、人力ではどうにもならない大自然の姿のように思い込んでいるのだが、そもそもそこに川の持つ力への錯覚があった。過去数千年か、あるいは約十万年かの人間が、第二の川の流れの方向を変えようとして、あらゆる種類の抵抗力や妨害を試みたに違いない。

右に堤防を築き、左に堰《せ》き止め、ある時には思いのままになったと錯覚させた時期も数えきれないほどあったであろう。

しかし、それは次の洪水によって、あとかたもなく河床を変えて流れた。流れの法則は「水は低きについて流れる」という、たったそれだけの事であったとしても、この川が、あらゆる小さな細流を併合しながら、長野県を貫き、新潟県を縦断して、いよいよその流れの量を加えながら、新潟港では屈指の大河として日本海に注いでいる。

その事実はとりもなおさず、その流域に集った人間どもの生活と運命を変えていったという事にほかならない。

朝日橋の上から眺めた信濃川は、発声の自由を奪われて、茫然《ぼうぜん》としかけている私の心にはげしい鞭《むち》をくれたのだ。

大自然の中に、大河の貫流があるように、人間の中には人間の意志の大貫流があるはずだった。その流れの方向が、じつは私を産ませ、私を育てた根源に働く生命力の流れだったのに違いない。

その流れは時々堰かれて地表から姿を消した。いや、人間の視界から遠ざかった位置で流れていたというべきだった。しかし、いったん降雨に遭遇すると、この流れはまた地表に姿を見せて来る。

私の母系につながる博文館《はくぶんかん》主の大橋新太郎《おおはししんたろう》やその父佐平《さへい》翁は、明治維新の際には焦土と化した長岡藩の名もない一市民で、その才能は、誰の眼にもつかない細流にすぎなかった。その佐平翁夫妻が伜《せがれ》の新太郎と嫁のおやまを携えて東京へやって来た。

これが地下水の、出版業者として地表に現れた最初であったろう。はじめは博文館という小さな出版業者だった。

それが博文館印刷所をつくり、博進社《はくしんしゃ》という紙問屋をはじめ、さらに博報堂《はくほうどう》という広告代理店となり、さらに東京堂《とうきょうどう》（現在の東販《とうはん》）という書籍大取次店にふくれ上がった。大橋父子の経営の才能がすぐれていたことは言うまでもない。しかしこれを裏から支えたものは佐平翁の妻女であり、新太郎の嫁女であった。

しかし、その明治期を代表する日本一の博文館、すなわち大橋一家の繁昌も、佐平翁の死去と新太郎氏の例の「金色夜叉《こんじきやしゃ》」のモデル事件を契機として、次第に一族の事業としての色彩を薄くした。

祖父が、私をはじめから博文館に預けたいと考えたのは、当時の館主（社長）が大橋新太郎、その長男の進一《しんいち》がわが家の孫にあたる新太郎夫人のおやまの産んだ嫡子であったからだ。

父のほうは博文館には直接関係はないので、東京堂に預けようとした。東京堂の経営を任されている大野《おおの》孫平《まごへい》夫人が、父の妹の長女であり、そのまた夫人の妹が、私の許婚《いいなずけ》者のみゆきであったからだ。

私は、そうした煩雑な系累の中にある人物の世話にはなりたくなかった。どの人も懐しい！それだけに一層自分の道は自分の力で切りひらくべきものとして、よくよく考えて同級生の桜井三郎を語らって、野心満々忠誠堂に赴《おもむ》いたはずであった。

ところが、そんな私の小さな気負いを嘲笑《あざわら》うかのように私はいま生も死も見透《みとお》せないふしぎな病人として朝日橋の上に立っている。

いや、少《すく》なくとも、そらから見おろす信濃川の堂々たる流れをのぞんで、一つの「——覚悟」を迫られている。

私が流れを見つめ、喰《く》いかけの桃の実一個を川面《かわも》に叩きつけてゆく姿を、父はじっと見つめたまま黙っていた。

恐らく小千谷《おじや》病院の竹村院長にさえわからない、わが伜の生死に怖《おび》えて、語りかける言葉もなかったのであろう……

墓石の実族

人生とは、まったく妙な人間生活の場所であった。往《ゆ》く時とは逆に私はしばらく流れを睨《にら》んでいたあとで、東小千谷駅から、二里の間隔の川口《かわぐち》駅まで汽車で戻り、そこから那須文蔵の馬車に乗り替えた。

この那須文蔵爺さんが、じつは、東京の神田《かんだ》和泉町《いずみちょう》に住んでいた祖父の末弟山内作蔵《やまのうちさくぞう》翁の故郷を出奔する時の恋女房の兄だったのだ。

祖父の末弟作蔵翁が、台湾征伐のおり上等兵で召集され、餓《う》えにかられて人肉を喰った悲惨な経験をしている間に、故郷では初婚の女房が、生れて間もない長女を残して死んでしまっていた。

そこで故郷へ凱旋して来た時の作蔵翁はまことに皮肉な運命の変遷に遭遇した。当時としては勲八等、百円ほどの一時賜金《いちじしきん》の帰還兵は、田舎では珍しい在存だったに違いない。ところが実生活はそれどころではなかった。女房には死なれ、男手で嬰児《みどりご》を抱えたやもめの暮しが郷里で待っていたのだ。

とにかく村の忠魂碑には、日清・日露の両役よりも前の台湾征伐に偉功のあった上等兵というので真っ先にその名を刻み込まれていたのだが、生活の方の歯車はものの見事に噛《か》み合わなくなっていた。

本家である私の祖父の手で分家させられていたのだから、とにかく家屋敷だけはあったし、多少の畑もあったであろう。

ところが肝心の女房が亡くなって、嬰児だけが残っていたのだから、忠魂碑にその名を刻み込まれたくらいのことではなんとも採算のとれないことになっていた。

後年、作蔵翁は、私に向かって、

「――人間の運なんざあ分かるもんじゃねえさ。オレが戦地で露命をつないでいた人間の肉は、あるいは死んだ嬶《かか》の肉だったかも知れねえわさ。そう思うと何ともやり切れねえ気持になってな」

と、よく言った。

その名誉ある帰還兵のやり切れない気持に惚れていったのが当時馬車屋をしている那須文蔵の妹で、二人は、先妻の子供を置いてきぼりにして東京へ駈け落ちしてしまった。

文蔵の妹が、孕《はら》んでしまったので、円満な解決など、狭い田舎では待っていられなくなってしまったらしい。

この駈けおちの相手の顔、つまり文蔵の妹の顔を私は知らない。私が神田の和泉町に作蔵翁を訪ねて行った時には、その駈けおちの相手は、彼女の産んだ三人の子供と共に次々に死んでしまって、あと方もなくなっていたからだ。

「――おい、庄ちゃん、和泉町はたっしゃだったけ？」

私が父と共に馬車に乗ると那須文蔵は小声で訊《き》いて、ピーポーポーと豆腐屋のような喇叭《ラッパ》を吹いた。

私はその時の、ラッパの音をいまだに不思議な鮮やかさで記憶している。と言うよりも、このラッパの音で、私は私の探し求めていた「覚悟」にたどり着いたような気がする。

「ああ、和泉町の小父《おじ》さんはたっしゃだよ」

言おうとして、あわてて内懐《うちふところ》から手帖と鉛筆をとり出した。声は出ないのだから、ここでも筆談よりほかにない。

しかし書きかけて止めてしまった。

相手はぜひとも返事を聞かなければならないほど、突きつめた感情で問い掛けているわけではないとわかったからだ。

私がかすかに頷《うなず》いたので、それだけで相手は充分納得して、

「なあに、脚気《かっけ》なんざあすぐに治るさ。治ったら、また東京へ戻るのけ?」

これもコクリと頷くだけで充分だった。

「そうけ、お前さが居ないと、町内は静かだ。ガキ大将がいねえと、野郎も女郎《めろう》もみんなおとなしいからな。家の婆サンなんざあ張り合いがねえとさあ」

そして、そのあとで、はげしく馬を叱りつけた。

「和泉町は運の悪い男さ。あんなにあった子供が一人も生きちゃいやしねえ。いや、一人だけ生きていたな。はじめの川口から来た嬶が産んだ女ッ子がな。芝《しば》の魚屋に片づいて……しかしそりゃ爺さんをオレの父親じゃねえと言って、口も利かねえというんだから。ひどいもんさ」

このあたりからは完全に独り言だった。もう私の方などふり返りもしないで鞭を打ったりラッパを吹いたり……

(そうだ、人間はみんな、自分のことだけで、せいいっぱいなんだ……)

たとえ私がこのまま死んだところで、生活の忙しさに追っかけられてすぐに忘れてしまうだ

ろう。

私は孤独というものをヒシヒシと感じた。私の父はまた、何を考えているのか。

「――お前の運は尋常のもンじゃない」

と、私に言った。

「――六人も七人もある子供の中で、お前だけが男に生れたというのが、そもそも不思議だろ」

と、耳に口を付けて言った。

そう言えば不思議でないとは言えなかった。出来るのも出来るのも女の子なのに、どうしたわけか、私だけが男だった。しかもそのたった一人の男の子が、なんと父親の子ではなくて、祖父の子になっていた。

不思議と言えば、これほどおかしな不思議はない。

その不思議のおかげで、父は五十過ぎて一人娘の母の家を追い出された。追い出されたことで、実家の梅田家の伯父はカンカンになり、実家への出入りを禁止してしまった。

しかしこの禁止の原因になった張本人は父ではない。一人娘の母が祖父以上の頑固者で、さっさと私を連れて、自分の生家を出てしまったのだ。どこでそんなことになったのか、とにかく私はその母について自分の家を出てしまった。

出てしまわなければ、小僧という階級の奉公人で家を出ることなどできなかったに違いない。

そこでたった一人の私の叔母が、自分の娘の一人を、私に嫁《とつ》がせて事態を収拾しようとした。たぶん好人物の叔母は、自分の娘を私に嫁がせることで、私が生れた家へ戻れるようになると思案したのに違いない。

叔母の嫁ぎ先の角屋《すみや》家は、それほど近隣に聞えた代々が医者の素封《そほうか》家だった。その素封家の長女が東京堂へ嫁いでいる。その妹を私と一緒にすることで、私が東京堂へ行きやすい道を開いてくれるつもりだったのかも知れない。

ところが、叔母のその好意はすべて逆目に出た。

私は、従妹《いとこ》の許婚者《いいなずけ》になったおかげで、余計な意地を張りだした。いや、余計な意地を張り出したとわかったのは、じつは私がこの時の病気では死なないとわかった後であった。

私は、那須文蔵の馬車で、その日はとにかくわが家へ戻った。

戻ってみると、私の帰宅を耳にして、祖父がやって来て待っていた。

「どうだった？　院長は助かると言ったか、助からぬと言ったか？」

祖父は渋い表情で私に問いかけた。そうなると私もまた負けてはいない。早速鉛筆をとり出して、

「——なあに助かって見せるさ。一日だって寝やしないぞ。明日からどんどん働いて見せてやる」

すると祖父は顔をしかめて、

「剛情っぱりもバカのうちだ」

と、吐きすてるように言った。

「家にいれば学校へ入れてやるというのがわからぬのか」

「他人の世話にはならん。自分のことは自分でやる」

「死んだらどうするのだッ」

「その時には墓の下に入るよ。誰でも死人は抛《ほう》っておかんさ。腐るからな」

「フーン。墓地はおれが買ったわけではない。先祖のものだ。勝手にしろ」

「そのつもりで帰って来た。だから、ガミガミ言わんで欲しい」

声が出ないで筆談なのだから、私もあっさり言った。

祖父は憤然として席を立って、私の産れた家へ戻っていった。

その時には、少し気の毒な気がしたが、これがあるいは生きるハリになったかも知れない。

オロオロと母が床をとり、父が抱いていってやるから寝ろと言った。

私も行きがかり上、そう簡単に寝られるものではなかった。

「寝る時は死ぬ時だ」

と、私は書いた。

「もう治ったから、断じて寝ないよ。よーシ、飯をくれ。飯を食って田圃《たんぼ》へ出る」

書いてしまって、これは少しやり過ぎだぞと、自分で思った。いくら意地でも、飯も食えなければ声も出ないのだから、これはハッタリもよいところだ。

ところが、私の母と言うのは、やはり祖父の娘であった。

「ああ、そうか。治ったのなら寝ることはない。さっさとご飯を食べて、山へでも田圃へでも、好きな所へ行くがいい」

「おおゆくとも。百姓が田圃で死にゃ本望だ」

私は鉛筆を叩きつけて母の出してくれた箱膳の前に座った。

飯などはぜんぜん咽喉《のど》を通らないのだからまさか食べられるとは考えていなかった。そう考えながら、すまして膳の前へ座り、飯茶碗をとり上げたのだから、なるほど、私も祖父の孫であり、この母の子だと思った。

父はおろおろと私を見やり、母は憤然として、私の前に座り直して睨《にら》んでいた。

私はまず飯茶碗を引きよせ、その上に荒々しく青ねぎの味噌汁をぶっかけた。そうなったら意地でも、一口は口の中へ流しこんで見せねばならぬと思い込んだ。

何分にもこの時まで、一ヵ月以上も水蜜桃《すいみつとう》だけで生きつづけて来た私なのだ。恐らく誰もが、このご飯が咽喉へ通るはずはないと、思うだろう。

私自身も、怒りにかられて、まず汁から先にのみ込もうとしながら、それが素直に咽喉へ通るとは思っていなかった。と言うよりも、舌にふれる青ねぎの柔い味覚が甦っていると知った時にはひどく戸惑《とまど》った感じであった。

これがじつは転地の効用だったのであろうか。私は一ぜん、汁かけ飯を夢中で口の中へ流しこんだ時には、全く別の自信に辿《たど》りついていた。

「――死なぬ！　死ぬものではない！」

さすがにお代りをする勇気はなかったが、私は憤然として母の前から立って、戸外へ飛び出した。

山へも田圃へも行かなかった。昔の通いなれた小学校への通路を、ほとんど夢中で、わが家の墓地へ向けて歩いていた。

そこには、私の五代前の庄蔵から次の庄蔵と十数基の墓石が、朴《ほお》の木の下にひっそりと並んでいた。

どうしてそうする気になったのか？

私はその墓地に入って、何がなしにホッとしていた。

死ぬことなどかくべつ恐ろしいことでも怖いことでもなかった。

(ここに、みんな揃っているじゃないか……)

私はふしぎな近親感を覚えて、林の中から盆花《ぼんばな》を手折《たお》っていってそれを供《そな》えた。

父があとを追って来て、呆然として眺めているのを、私はまだ気づいていなかった。

〔未完〕

補記　作家山岡荘八略伝――『山岡荘八自伝』以後

山岡賢次

亡父山岡荘八は本書自筆稿にも記されているように、明治四十年（一九〇七年）新潟県北魚《きたうお》沼《ぬま》郡小出《こいで》に山内庄蔵《やまのうちしょうぞう》として出生、十三歳までの幼少期を過したのち、大正九年十一月三日「夜行列車」で上京、東京下町の忠誠堂印刷所で働きながら逓信省官吏養成所で苦学した。本書の自筆稿はその当時の思い出におよんだ時点で、未完のまま終わった。

その後の山岡荘八は、大正十二年の関東大震災に遭遇したのち自力で印刷製本業「三誠社」を興した。

しかし昭和六年にはこれを人手に渡し、再出発をかねて念願の出版関係の道に求め、昭和七年二十六歳のときに万里閣を説き落して『大衆倶楽部』を創刊。編集長におさまって長谷《はせ》川《がわ》伸《しん》をはじめとする当時の大衆作家たちの寄稿をあおぐと同時に、昭和九年同誌七月号にみずからも「佐渡の紅葉山人」の一篇を発表。この処女作に用いた筆名「山岡荘八」がそのまま終生、作家名となった。

爾来《じらい》四十数年間もっぱら大衆作家として活躍することとなり、周知のように徳川家康《とくがわいえやす》、織《お》田信長《だのぶなが》、伊達政宗《だてまさむね》、柳生宗矩《やぎゅうむねのり》をはじめとする歴史上の傑物たちを中心とする数多くの話題作を世におくり、大衆文壇の巨匠としての盛名をほしいままにした。

なかんずく昭和二十五年三月二十六日より四十二年四月までの足かけ十八年間、北海道新聞紙上に掲載され続けた『徳川家康』（百五十回以降は中部日本新聞、神戸新聞にも掲載）は圧倒的な反響をよび、これが昭和二十八年より四十二年までの間に講談社より全二十六巻の単行本として刊行されるや、文字通り洛陽《らくよう》の紙価を高める大評判を得た。その後も途切れることなく版を重ねて今日に至り、ことに昨年NHKテレビ大河ドラマにこれを原作とする『徳川家康』が放映され、空前の家康ブームを捲《ま》き起こしたことはまだ記憶に新しい。

昭和五十年、六十九歳ごろよりにわかに体調をくずしはじめた山岡荘八は、最後の大作となった『燃える軌道』執筆後半より激痛に見舞われはじめ、診断の結果、難病ホジキン氏病であることが判明。昭和五十三年、東京東池袋の癌研究会（ガン研）付属病院に入院し加療したが、九月三十日午後七時二分、肺炎を併発して逝去した。享年七十二歳。

葬儀は、自宅での密葬ののち十月九日、若き日よりの肝胆相照の友である作家村上元三《むらかみげんぞう》氏を葬儀委員長とする本葬が青山葬儀所においてとりおこなわれた。法名「山岡院釈荘八真徳居士」。遺骨は十月十七日、神奈川県川崎市生田《いくた》の春秋苑、藤野家の墓地に葬られた。なお生前の功により、十月六日、従四位勲二等瑞宝章が追贈された。

〇

亡父山岡荘八の生涯の輪郭については、作家の杉田幸三《すぎたこうぞう》氏が『山岡荘八全集』第三十六巻（昭和五十九年一月、講談社刊）において、六十ページ余におよぶ克明な年譜を編まれている。これを一覧すれば亡父の作品の初出年次その他は一目瞭然であり、研究者にとってはまことに貴重なる資料であるが、ここでは本書の性質上、年譜的事項は主要なるもの以外は省略させていただき、もっぱら『山岡荘八自伝』以降の人生における略伝的事項に触れてみたい。

その場合、事項のほとんどは多かれ少なかれ作家活動と関わるから、以下は要するに「作家山岡荘八略伝」と称すべきものとなろうし、またそのほうがおそらく読者の方々の理解には便であろうと思われる。

作家山岡荘八の作家活動は、これを大別すれば、年代順にほぼ次の七つの時期に分けることができるように思う。

一。昭和七年秋の長谷川伸先生との出会いが作家への道を開く発端であったが、それから数年後、昭和十一年前後より『キング』『日の出』『講談倶楽部』など当時の有名誌に作品を発表した、三十歳から三十三、四歳ごろまでの、つまり戦前の作家活動の時期。この間、昭和八年二十七歳で藤野秀子（ペンネーム山岡道枝）と結婚入籍し、藤野姓に変わった。

二。昭和十五年前後より二十年八月十五日の終戦時までの間、三十四、五歳から三十九歳までの戦中の作家活動の時期。陸海軍の報道班に徴用され、従軍作家として中国全土、タイ、マレーシアその他の戦線に赴《おもむ》き、『軍神杉本中佐』『海底戦記』『御楯』など愛国の至情を吐露した力作を次々と発表、そうした創作活動の結果として、昭和十七年には第二回野間文芸賞奨励賞を受賞した。終戦直前の約二ヵ月間は九州の鹿屋《かのや》の特攻基地に派遣され、主として学徒出陣航空兵からなる特攻隊員と起居を共にし、痛恨きわまりない数々の体験を味わい、その記憶は終生、脳裡、胸奥から離れることがなかった。

三。昭和二十年八月十五日の終戦のショックにより虚脱状態に陥り、一時は釣三昧にふけった。その後、恩師長谷川伸先生や妻道枝の激励により筆をとりはじめたものの、作品は低迷停滞の観をまぬがれなかった。三十九歳から四十二、三歳まで、昭和二十四、五年ごろまでこうした状態がつづいた。

四。前にも触れたが昭和二十五年三月より『徳川家康』を北海道新聞に連載しはじめ、しだいに筆勢が加わり、ついに四十二年四月まで足かけ十八年間におよぶ執筆となった。四百字詰原稿用紙じつに一万七千四百枚、字数約七百万字の文字どおり彫心鏤骨《ちょうしんるこつ》の超大河小説の名作であった。四十四歳から六十一歳まで。このいわば「『徳川家康』期」はまさに精力充溢し、ほかにも『織田信長』(昭和二十九年九月〜三十五年四月)、『豊臣《とよとみ》秀吉《ひでよし》』(昭和三十年)、『新太平記』(昭和三十一年一月〜三十七年六月)、『毛利《もうり》元就《もとなり》』(昭和三十七年四月〜三十九年七月)その他の長篇大作をぞくぞくと世に問うた。

五。「『徳川家康』期」とダブるが、昭和三十二年五十一歳の八月十五日、鹿屋特攻基地で寝食をともにした特攻隊員の十三回忌にあたり、諸霊の御魂をなぐさめるため自邸の一角に

「空中庵（茶経室）」を建て、空中観音像を奉祀し、日夜祈念してやまぬようになった。同時に「それぞれの民族の個性をそのまま次代の民族共栄の中に活かし、調和ある新世界の建設にすすむ」との理念に立脚した財団法人「日本会」を政、財界、宗教界、教育界そのほか各界有志とはかって設立し（初代総裁は当時の佐藤栄作首相）、いわゆる「総調和運動」の唱導普及に尽力。同運動のため、初代編集長に花村奨《はなむらすすむ》氏を起用して、機関誌『総調和』を創刊した。昭和四十五年からは古田《ふるた》重二良《じゅうじろう》氏（当時日大会頭）逝去のあとをうけて会長に就任、昵懇《じっこん》の二代目総裁福田《ふくだ》赳夫《たけお》首相と折々、相語らいつつ永眠に至るまで情熱的に運動を推進した。

この「日本会」設立を機に事あるごとに「為政者の抱負経綸」の重要さを説くなど、しだいに政治的世界に関心を深めていった。こうした関心の動機は『徳川家康』執筆と密接に関連するものと思われるが、それはあくまでも作家的な立場からする関心であることを本人も自覚していたのであろう、いずれ後継者を得たならば〝自分の身替り〟に政界に参入せしめようとの考えを抱きはじめた。私が現在、参議院議員として政界に身を投じていることのそもそもの原点は、以上のような亡父の心情に発するものであるということもできよう。

六。昭和四十二年に完結した『徳川家康』は、第二回長谷川伸賞、第二回吉川英治《よしかわえいじ》文学賞などを受賞、四十四年十月十六日には日光東照宮境内に「山岡荘八著徳川家康記念碑」が建立された。碑面には自筆による――「人はみな生命の大樹の枝葉なり」の一句が刻銘された。

こうして還暦時に不朽の金字塔を完成した山岡荘八は、そこで筆をおくことなく、翌四十三年から新たなる作家生活を始動させるべく、意欲的な作家活動に入った。以降、昭和四十八、九年ごろまで、つまり六十二歳から六十七、八歳ごろまでのこの時期はいわば「老熟の境、総仕上げ期」とでも称すべきか。主要作品には『小説明治天皇』（昭和四十三年）、『伊達政宗』（昭和四十四年十月〜四十八年九月）、『春の坂道（柳生宗矩）』（昭和四十六年。NHKテレビ大河ドラマ用として執筆）、『徳川慶喜《とくがわよしのぶ》』（昭和四十九年）その他、いささかも老いを感じさせぬ息の長い大作が書かれている。いささか私事にわたって恐縮ではあるが、私はちょうどこの時期の当初、すなわち昭和四十五年十月二十三日、一女稚子《わかこ》（秀江）と縁あって結婚、山岡家の人間となった。以来、永眠の日までの九年間を日夜おなじ屋根の下で過すこととなった。その間の事どもは拙著『いまなぜ家康か——父・山岡荘八と徳川家康』（講談社）において詳述したから、ここでは省略する。とにもかくにも常識を超える大きな人物であるとの感を抱かされつづけたが、残された人生の少なきことを自覚していたせいか、後継者と定めた私への言々句々はすべて「遺言」の切実さをおびていたように思う。

したがって私個人の私的感慨をもってしていえば、この時期は「遺言期」と称してみたい気がする。

七。昭和四十八年十一月、紫綬褒章《しじゆほうしよう》受章。同年十月二日には、第六十回伊勢神宮式年遷宮に庭燎奉仕《ていりようほうし》の白丁として奉仕、たいへんに嬉しそうであった。翌四十九年からは財団法人「道徳科学研究所（現モラロジー研究所）」を設立してモラロジー運動の唱導普及に精魂を傾けられた広池千九郎《ひろいけちくろう》博士の生涯に共感、その伝記『燃える軌道』に取りかかった。

そして、この大作の完成した直後の昭和五十三年九月、すでに述べたようにホジキン氏病に肺炎を併発して、遂にその生涯の幕を閉じたのである。この間、昭和五十一年十一月に岡崎市公園天守閣前広場、いわき短大構内、翌五十二年六月に柳生芳徳寺《やぎゅうほうとくじ》境内とそれぞれ文学碑が除幕された。また五十一年十一月十日には、天皇陛下御在位50年奉祝実行委員長をつとめた。

○

以上、紙数の関係もありきわめておおざっぱな略伝となったことをお詫びしたいが、振り返って私が『山岡荘八自伝』以後もっとも影響をうけ、また感銘をうけ、あるいは情愛を注いだ対象、言い換えれば、もし亡父が『自伝』を書き継いだとした場合もっとも筆を費やしたにちがいないと思うのは次のような方々である。

まず筆頭はなんといっても終生、恩師として敬慕し尊崇してやまなかった作家長谷川伸先生である。

『大衆倶楽部』編集長当時、寄稿を仰いで以来愛顧をうけ、作家に転進後もつねに慈愛の眼をもって見守りつづけてくださった先生に対する亡父の心情は、ことばには尽せぬほど深いものであった。亡父は先生の「日常の思考、行為のことごとく相手の立場に立っている。この人のやり方をおれは学ぼう」と心に誓い、それを生涯の自戒となしつづけて生きてきたのであった。

故土師清二《はじせいじ》氏、故山手樹一郎《やまてきいちろう》氏、および村上元三氏、大林清《おおばやしきよし》氏、鹿島孝二《かしまこうじ》氏、戸川幸夫《とがわゆきお》氏、平岩弓枝《ひらいわゆみえ》氏をはじめとする伸先生門下の新鷹会《しんようかい》のお仲間との交誼も、要するに先生への敬慕を軸として成り立っていたのではなかろうか。

次に亡父はおそらく、終戦直前の二ヵ月間寝食をともにした鹿屋特攻基地の若きカミカゼ特攻隊員のことに、悲涙をしたたらせながら筆を尽したであろう。

第三にはやはり『徳川家康』執筆ゆかりの方々であろう。執筆のいとぐちをつけた北海道新聞社長中野以左夫《なかのいさお》氏をはじめ諸関係者、および執筆中にめぐりあって有形無形の示唆をうけた方々すべてである。

最後に、妻道枝。この亡母について亡父がそれまで触れた随想の類には、いずれもある種の〝てれ〟が付きまとっている。それは私自身が晩年の九年間にこの眼で見た亡父の亡母に対する真の情とはかなり相違していた。『自伝』において亡父が〝てれ〟を捨て、真率の情を披歴してくれたならば、どのような文がものされたであろうか……

その他、いずれにせよこの『山岡荘八自伝』は、もし休載することなく書き継がれたならば百回、いや数百回に及んだかもしれない、と私は思うのである。

〔やまおか・けんじ〕

山岡荘八〈やまおか・そうはち〉
小説家。一九〇七年（明治40）一月十一日、新潟県小出町（現・魚沼市）に生まれる。本名・山内庄蔵。二〇年、十四歳で上京。文選工として働き、十八歳で印刷製本の「三誠社」創業。三三年「大衆倶楽部」を創刊。三八年、時代小説『約束』がサンデー毎日大衆文芸に入選し文筆で身を立てることを決意する。太平洋戦争中は海軍報道班員として従軍。戦後、十七年の歳月をかけて大河小説『徳川家康』を完成する。歴史小説を中心に活躍し、七八年（昭和53）九月三十日没す、寿七十二。

山岡荘八 著

山岡荘八自伝《やまおかそうはちじでん》

二〇二五年二月二十五日初版

発行 土曜社

東京都江東区東雲一-一-六-九二

本　は　土　曜　社

西暦	著　者	書　名	本 体
1971	シフマン	黒人ばかりのアポロ劇場	1,998
1972	ハスキンス	*Haskins Posters*（原書）	39,800
1978	山岡荘八	山岡荘八自伝	1,998
1991	岡崎久彦	繁栄と衰退と	1,850
1999	藤平光一	氣の確立	1,998
2001	ボーデイン	キッチン・コンフィデンシャル	1,850
2002	ボーデイン	クックズ・ツアー	1,850
2012	アルタ・タバカ	リガ案内	1,991
	坂口恭平	*Practice for a Revolution*	1,500
	ソロスほか	混乱の本質	952
	坂口恭平	*Build Your Own Independent Nation*	1,100
2013	黒田東彦ほか	世界は考える	1,900
	ブレマーほか	新アジア地政学	1,700
2014	安倍晋三ほか	世界論	1,199
	坂口恭平	坂口恭平のぼうけん	952
	meme（ミーム）	３着の日記	1,870
2015	ソロスほか	秩序の喪失	1,850
	坂口恭平	新しい花	1,500
2016	ソロスほか	安定とその敵	952
2019	川﨑智子・鶴崎いづみ	整体対話読本　ある	1,998
2020	アオとゲン	クマと恐竜（坂口恭平製作）	1,500
2021	川﨑智子	整体覚書　道順	895
	川﨑智子・鶴崎いづみ	体操をつくる	1,900
	増田悦佐	クルマ社会・七つの大罪	2,998
2022	川﨑・鶴崎・江頭	整体対話読本　お金の話	1,998
	川﨑智子	整体覚書　道程	895
2023	鶴崎いづみ	私のアルバイト放浪記	1,998
	川﨑智子	整体対話読本　こどもと整体	1,998
2025	川﨑智子	整体覚書　道理	999
年二回	ツバメノート	Ａ４手帳	1,599

本　の　土　曜　社

西暦	著　者	書　名	本体
1923	大　杉　栄	*My Escapes from Japan*（日本脱出記）	2,350
	頭　山　満	頭山翁清話	1,998
	マヤコフスキー	声のために（ファクシミリ版）	2,850
	マヤコフスキー	これについて	952
1924	マヤコフスキー	ヴラジーミル・イリイチ・レーニン	952
1925	頭　山　満	大西郷遺訓	795
1927	マヤコフスキー	とてもいい！	952
1928	マヤコフスキー	南　京　虫	952
	マヤコフスキー	私　自　身	952
1929	マヤコフスキー	風　　呂	952
1930	永瀬牙之輔	す　し　通	999
	福沢桃介	財界人物我観	1,998
1932	二木謙三	完全営養と玄米食	999
1936	ロ　ル　カ	ロルカ詩集	2,000
1939	モーロワ	私の生活技術	999
	大川周明	日本二千六百年史	952
1941	川　田　順	愛国百人一首	1,998
1942	大川周明	米英東亜侵略史	795
	二木謙三	健康への道	2,998
1952	坂口安吾	安吾史譚	795
1953	坂口安吾	信　　長	895
1955	坂口安吾	真書太閤記	714
1958	池島信平	雑誌記者	895
1959	トリュフォー	大人は判ってくれない	1,300
1960	ベトガー	熱意は通ず	1,500
1963	プ　ラ　ス	シルヴィア・プラス詩集	2,800
1964	ハスキンス	*Cowboy Kate & Other Stories*	2,381
	ハスキンス	*Cowboy Kate & Other Stories*（原書）	79,800
	ヘミングウェイ	移動祝祭日	999
	神吉晴夫	俺は現役だ	1,998
1965	オリヴァー	ブルースと話し込む	1,850
1967	海音寺潮五郎	日本の名匠	795
1968	岡潔・林房雄	心の対話	1,998
1969	岡潔・司馬遼太郎	萌え騰るもの	595
	岡　　潔	日本民族の危機	1,998
	オリヴァー	ブルースの歴史	5,980

土　曜　社　の　本

西暦	著者	書名	本体
1713	貝原益軒	養生訓	895
1791	フランクリン	フランクリン自伝	1,850
1812	水野南北	修身録	1,399
1815	酒井抱一	光琳百図（全四巻）	各1,500
1834	二宮尊徳	三才報徳金毛録	999
1856	富田高慶	報徳記	2,998
1884	福住正兄	二宮翁夜話	2,998
1886	ランボオ	イリュミナシオン	2,200
1894	渋沢栄一	雨夜譚（あまよがたり）	895
1896	富田高慶	報徳論	999
	ユスト	自然に帰れ	1,998
1897	勝海舟	氷川清話	895
1900	福住正兄	二宮翁道歌解	999
1903	二宮尊親	報徳分度論	999
1904	岡倉天心	日本の目覚め	714
1906	岡倉天心	茶の本	595
1911	柳田國男	名字の話	595
1914	マヤコフスキー	悲劇ヴラジーミル・マヤコフスキー	952
1915	マヤコフスキー	ズボンをはいた雲	952
1916	マヤコフスキー	背骨のフルート	952
	マヤコフスキー	戦争と世界	952
1917	マヤコフスキー	人間	952
	マヤコフスキー	ミステリヤ・ブッフ	952
1918	アポリネール	アポリネール詩集	2,800
1919	大杉栄	獄中記（新版）	1,998
	テスラ	テスラ自伝	近刊
1920	マヤコフスキー	一五〇〇〇〇〇〇〇	952
1922	マヤコフスキー	ぼくは愛する	952
	マヤコフスキー	第五インターナショナル	952
	エリオット	荒地	2,000
	大川周明	復興亜細亜の諸問題（上・下）	各495
1923	大杉栄	日本脱出記（新版）	1,998
	大杉栄	自叙伝（新版）	1,998
	大杉栄	大杉栄書簡集	1,850
	伊藤野枝	伊藤野枝の手紙	1,850
	山川均ほか	大杉栄追想	952